CHATGPT E INTELIGENCIA ARTIFICIAL (IFCT0049)

AUTORA:
MARCELA CELÍA PIREZ

Título: *ChatGPT e inteligencia artificial* (IFCT0049)
Autora: *Marcela Celía Pirez*
Edición: Primera edición, 2026
ISBN: 978-84-09-84662-7
Diseño y maquetación: *Marcela Celía Pirez*
Editorial: *Marcela Celía Pirez*
Aviso legal
La información contenida en este libro tiene fines formativos y divulgativos. Aunque se ha elaborado con rigor y cuidado, la autora no se hace responsable del uso inadecuado que pueda hacerse de los contenidos ni de posibles errores u omisiones involuntarias.
Las marcas, plataformas y herramientas mencionadas pertenecen a sus respectivos propietarios. Su aparición en esta obra tiene un propósito exclusivamente educativo y no implica relación comercial ni patrocinio alguno.
Cualquier similitud con situaciones reales de personas o entidades es coincidencia o forma parte de ejemplos pedagógicos.
Contacto profesional
Para consultas formativas, colaboraciones o proyectos educativos:
MCP Formación www.mcpformacion.com
info@mcpformacion.com
ISBN: 978-84-09-84662-7

A Carles, mi compañero de vida y sueños

Contenido

INTRODUCCIÓN

La inteligencia artificial (IA) se ha consolidado como una de las tecnologías clave de la transformación digital actual, con un impacto directo en la forma en que trabajamos, aprendemos, nos comunicamos y tomamos decisiones. Herramientas basadas en modelos de lenguaje como ChatGPT han acercado la IA al conjunto de la ciudadanía y de las organizaciones, permitiendo su aplicación práctica en múltiples sectores productivos sin necesidad de contar con conocimientos técnicos avanzados.

Este libro se enmarca en el programa formativo oficial "IFCT0049: ChatGPT e Inteligencia Artificial", incluido en el Catálogo de Especialidades Formativas del Sistema Nacional de Empleo. Su finalidad es servir como manual de referencia para el alumnado, proporcionando una base sólida y progresiva sobre los fundamentos de la inteligencia artificial, el funcionamiento de ChatGPT, sus aplicaciones prácticas y los retos éticos y sociales asociados a su uso.

A lo largo de sus contenidos, se combinan explicaciones teóricas claras con un enfoque aplicado y orientado a la realidad profesional, facilitando la comprensión de conceptos complejos y promoviendo un aprendizaje significativo. El objetivo último es que el alumnado sea capaz de utilizar ChatGPT y otras soluciones de IA de forma eficiente, responsable y alineada con los valores humanos, mejorando así su empleabilidad y su capacidad de adaptación a un entorno laboral en constante evolución.

¿Qué es "IFCT0049: ChatGPT e Inteligencia Artificial"?

Es una especialidad formativa de nivel 2, perteneciente a la familia profesional de "Informática y Comunicaciones", área profesional de "Sistemas y Telemática". Tiene una duración total de 60 horas y puede impartirse en modalidad presencial o de teleformación, conforme a lo establecido por los Servicios Públicos de Empleo.

El objetivo general de esta formación es aplicar el uso de ChatGPT y la inteligencia artificial en distintos sectores productivos, optimizando procesos y resultados, y teniendo en cuenta las consideraciones éticas, de seguridad y de privacidad que conlleva su utilización.

El programa se estructura en tres módulos formativos:

Módulo 1. Fundamentos de Inteligencia Artificial y ChatGPT, donde se abordan los conceptos básicos, la evolución de la IA, los tipos de inteligencia artificial y el funcionamiento interno de los modelos de lenguaje.

Módulo 2. Desafíos y avances en Inteligencia Artificial, centrado en las aplicaciones sectoriales, los avances recientes, las tendencias futuras y las implicaciones éticas y sociales de la IA.

Módulo 3. Aplicaciones prácticas de ChatGPT, orientado a la implementación real de la herramienta, la optimización de su rendimiento y su integración en proyectos y aplicaciones.

Dirigido a personas que deseen adquirir competencias prácticas en el uso de la inteligencia artificial aplicada.

¿Cómo usar este libro?

Este libro ha sido **diseñado como un manual formativo y de consulta**, pensado para acompañar al alumnado durante el desarrollo de la acción formativa IFCT0049, así como para servir de apoyo posterior una vez finalizado el curso.

Se recomienda utilizarlo siguiendo el orden de los módulos y unidades didácticas, ya que los contenidos están secuenciados de forma progresiva.

Para un aprovechamiento óptimo del material:

- ✓ Lee de forma comprensiva los contenidos teóricos, prestando atención a los conceptos clave y definiciones.
- ✓ Relaciona los ejemplos y casos prácticos con tu propio contexto profesional o formativo.
- ✓ Apoya el estudio con la realización de las actividades y ejercicios propuestos en la acción formativa.
- ✓ Utiliza la bibliografía y webgrafía recomendadas para ampliar información y mantenerte actualizado en un ámbito en constante evolución.

Este manual no solo pretende transmitir conocimientos, sino también fomentar una actitud crítica, ética y responsable ante el uso de la inteligencia artificial, promoviendo un aprendizaje autónomo y continuo que permita al alumnado adaptarse a los cambios tecnológicos presentes y futuros.

MÓDULO 1. FUNDAMENTOS DE INTELIGENCIA ARTIFICIAL Y CHATGPT

1.1. Introducción a la Inteligencia Artificial

La Inteligencia Artificial (IA) es una rama de la informática que realiza el estudio, análisis e interpretación del contexto de los datos. Aprende de la experiencia y toma decisiones orientadas a objetivos, imitando o complementando ciertas capacidades de la inteligencia humana.

En contextos laborales el conjunto de tecnologías concretas (modelos de lenguaje como ChatGPT, sistemas de recomendación, reconocimiento de imágenes o voz, etc.) se integran en procesos que optimizan los resultados, reducen los errores y cumplen la función de soporte en la toma de decisiones. Comprender sus fundamentos es indispensable para utilizarla de forma eficaz, ética y en línea con los objetivos de la organización.

Objetivos

- Entender la IA en el ámbito académico y laboral
- Aprender los conceptos básicos
- Conocer la evolución histórica de la IA

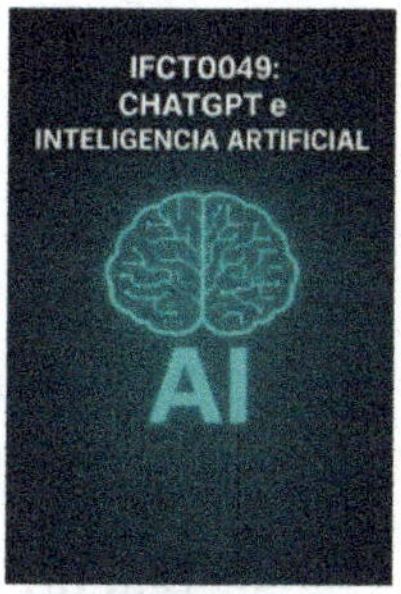

Imagen generada con Copilot

Conceptos básicos

¿Qué es la Inteligencia Artificial?

La IA se define como la capacidad de un sistema para interpretar datos externos, aprender de ellos y emplear esos conocimientos para lograr tareas y metas específicas mediante una adaptación flexible.

El diseño de agentes permite actuar mediante procedimientos de forma ordenada y razonable con respecto a un objetivo.

2. Conceptos Fundamentales

El siguiente listado contiene definiciones esenciales para el seguimiento de los próximos módulos:

- **Algoritmo:** conjunto de instrucciones regladas que permiten solucionar un problema. Indica como entrenar el modelo con los datos.
- **Datos:** información de entrada sobre la que la IA realiza acciones y "aprende" patrones (como textos, imágenes, historiales médicos, etc.).
- **Inteligencia artificial:** conjunto de técnicas que permiten que una máquina realice tareas, que, si las hiciera una persona, se consideraría que requiere utilizar la inteligencia (razonar, aprender, planificar, comprender lenguaje, etc.).
- **Machine Learning (Aprendizaje Automático):** subcampo de la IA que permite a las máquinas aprender sin ser programadas explícitamente.
- **Modelo:** representación matemática o estadística que captura relaciones en los datos (por ejemplo, un

modelo de lenguaje como GPT que predice la siguiente palabra).

- **NLP (Procesamiento del Lenguaje Natural):** rama encargada de la interacción entre computadoras y lenguajes humanos, esencial para el funcionamiento de modelos como ChatGPT. Son sistemas de IA entrenados con grandes volúmenes de texto para generar respuestas coherentes y contextuales en lenguaje humano. Basados en redes neuronales profundas y arquitecturas denominadas transformadores. Las aplicaciones más visibles de la IA se localizan en sectores como educación, atención al cliente, marketing o desarrollo de software, entre otros.

La IA no es una tecnología única, sino un ecosistema de herramientas orientadas a emular procesos cognitivos humanos para mejorar la eficiencia profesional.

En capítulos posteriores se desarrollarán con más profundidad las tres clasificaciones más frecuentes de IA:

IA débil o estrecha	Sistemas diseñados para una tarea específica (traducir textos, recomendar películas, conducir un coche, generar texto como ChatGPT).
IA fuerte o general:	Sistema hipotético capaz de realizar cualquier tarea intelectual que pueda realizar un ser humano, con flexibilidad y comprensión amplias.

Según el aprendizaje:	Aprendizaje supervisado: el modelo aprende a partir de ejemplos etiquetados (entradas con la respuesta correcta conocida).
	Aprendizaje no supervisado: el modelo descubre patrones en datos sin etiqueta (agrupa, reduce dimensiones, etc.).
	Aprendizaje por refuerzo: un agente aprende mediante prueba y error, recibiendo recompensas o penalizaciones por sus acciones.

Historia y evolución

Conocer la evolución histórica de la IA ayuda a comprender por qué ciertas técnicas son predominantes en la actualidad y las diferentes etapas de esta disciplina.

Imagen generada con Canva

Antecedentes y nacimiento formal (antes de 1956)

- El punto de partida moderno suele situarse en 1950, cuando Alan Turing [1] publica "Computing Machinery

[1] Alan Turing: leer más en "Información plus"

and Intelligence" y propone el famoso "Test de Turing[2]" para evaluar el comportamiento inteligente de una máquina.

- En esta etapa se sientan las bases teóricas de la computación y se imagina la posibilidad de programas capaces de razonar y aprender.

La Conferencia de Dartmouth y los inicios (1956-años 60)

- En 1956, la Conferencia de Dartmouth (Estados Unidos), organizada por John McCarthy, Marvin Minsky, Nathaniel Rochester y Claude Shannon, se considera el nacimiento formal de la IA como campo científico, y allí se acuña el término "Artificial Intelligence".
- Durante los años 50 y 60 se desarrollan los primeros programas capaces de resolver problemas de lógica, jugar al ajedrez, demostrar teoremas o mantener diálogos simples en lenguaje natural (por ejemplo, ELIZA, creada por Joseph Weizenbaum).

Expansión, expectativas e "inviernos de la IA" (años 70-90)

- En las décadas de 1970 y 1980 se construyen sistemas expertos que codifican conocimiento de especialistas humanos en forma de reglas, aplicados a diagnóstico médico, análisis químicos y otros dominios.
- Diferentes etapas negativas, conocidas como "inviernos de la IA", fueron provocadas por las

---

[2] Test de Turing: más en "Información plus"

limitaciones técnicas (potencia de cómputo, datos, escalabilidad) y expectativas poco realistas. El paso por estos lapsos de tiempo ha provocado etapas de recortes de financiación y escepticismo.

Renacimiento con el aprendizaje automático y el "deep learning" (años 2000-2010)

- A partir de finales de los 90 y especialmente desde los 2000, la disponibilidad masiva de datos (con la utilización de toda la población de ordenadores y de internet) y el aumento de la capacidad de cómputo impulsan el aprendizaje automático (machine learning[3]) y, más tarde, el aprendizaje profundo (deep learning[4]).

- Se producen avances notables en reconocimiento de voz, visión por computador y traducción automática, y sistemas como IBM Watson muestran la capacidad de la IA para procesar lenguaje y grandes volúmenes de información.

Era de la IA generativa y modelos de lenguaje (2010-actualidad)

- En la década de 2010 se introducen las arquitecturas de transformadores, que permiten entrenar modelos de lenguaje a gran escala capaces de generar texto, código, imágenes y otros contenidos.

- Surgen modelos como GPT y sus sucesores, que se integran en navegadores, plataformas de búsqueda y herramientas profesionales, dando lugar a la IA generativa como tecnología transversal con impacto

---

[3] Machine learning: más en "Información plus"

[4] Deep learning: más en "Información plus"

en múltiples sectores productivos, incluida la formación profesional.

1.2. Tipos de Inteligencia Artificial

IA débil vs. IA fuerte

En este apartado se presenta una clasificación fundamental para entender el alcance real de los sistemas actuales de IA y los escenarios futuros que se discuten en el ámbito académico y profesional.

Imagen generada con Copilot

IA débil (también llamada IA estrecha o narrow AI)

Se denomina IA débil a los sistemas diseñados para realizar muy bien una o pocas tareas concretas, dentro de un entorno claramente definido. No tienen comprensión general del mundo ni conciencia de sí mismos; "parecen inteligentes" porque aplican algoritmos avanzados y aprenden patrones a partir de grandes cantidades de datos, pero siempre dentro de los límites fijados por su programación y su entrenamiento.

Algunas características clave de la IA débil son:

Especialización	Cada sistema está optimizado para un problema (reconocer rostros, traducir textos,

	recomendar productos, responder consultas en un chat, etc.).
Dependencia de datos	Su rendimiento depende de los datos de entrenamiento y del diseño previo del modelo.
Falta de comprensión global	No puede transferir de manera autónoma lo aprendido en una tarea a contextos muy diferentes.
Necesidad de supervisión humana	Se requiere intervención humana para definir objetivos, revisar resultados y corregir errores.

Ejemplos actuales de IA débil incluyen entre otros:

- Sistemas de recomendación en plataformas de comercio electrónico o vídeo
- Asistentes de voz
- Modelos de visión artificial en vehículos autónomos
- Modelos de lenguaje como ChatGPT (que genera texto pero sin la comprensión humana)

Prácticamente sin darnos cuenta y sin pararnos a pensar en el tema convivimos con tecnología que utiliza a diario la IA débil, por ejemplo:

1. Asistentes de voz y altavoces inteligentes

Los asistentes de voz de uso doméstico y móvil (Siri, Google Assistant, Alexa, etc.) son un ejemplo típico de IA débil. Reconocen la voz del usuario, convierten el audio en texto, lo interpretan de forma básica y ejecutan tareas concretas como poner alarmas, reproducir música o consultar el tiempo. No tienen comprensión general del mundo; funcionan dentro de un conjunto limitado de órdenes y escenarios predefinidos. No realizarán tareas diferentes a las programadas ni evolucionarán.

---

2. Chatbots y atención al cliente

Muchas empresas utilizan chatbots integrados en páginas web, WhatsApp o redes sociales para responder preguntas frecuentes, dar información sobre pedidos o resolver incidencias simples. Estos sistemas se basan en IA débil porque están entrenados para gestionar un tipo concreto de conversación (soporte técnico, reservas, cobros, etc.) y se limitan a flujos de diálogo especializados. Estos, supuestos, diálogos se basan en contenido, guías o documentos de consulta de la propia empresa. En estos casos se evita recurrir a información de internet, se acota a la documentación propia.

---

3. Sistemas de recomendación (e-commerce, streaming, redes sociales)

Plataformas como Amazon, Netflix, YouTube o Spotify analizan el historial de uso y generan recomendaciones personalizadas de productos, películas, series, vídeos o canciones. Estos motores de recomendación son IA débil: detectan patrones en los datos y calculan qué contenido es más probable que interese al usuario, pero no "entienden" el contenido como lo haría una persona. La detección de patrones se basa en el análisis de datos de consumo de diversos usuarios y saber que suelen mirar a continuación, si abandonan la visualización, si hay otras categorías que también les interesa, etc.

---

4. Detección de fraude y scoring en finanzas

Bancos y pasarelas de pago utilizan modelos de IA para identificar operaciones sospechosas en tiempo real y para calcular puntuaciones de riesgo de crédito. Los algoritmos comparan cada transacción con millones de ejemplos previos y marcan anomalías (ubicación inusual, importes atípicos, patrones extraños), pero su objetivo está muy acotado: distinguir entre operación normal y fraudulenta. En el caso de detectar movimientos inusuales inmediatamente se ponen en marcha sistemas de verificación pidiendo PIN de la tarjeta, enviando avisos mediante SMS para avisar de la compra que se está realizando, etc.

---

5. Visión artificial en seguridad y autenticación

Los sistemas de reconocimiento facial en móviles, edificios, aeropuertos o redes sociales son un caso práctico de IA débil aplicada a visión por computador. El modelo está entrenado para identificar rostros, verificar identidades o etiquetar personas en fotos, pero solo resuelve esa tarea específica y no interpreta el contexto completo de la escena. Algunos países (como: Afganistán, China, Nigeria, Emiratos Árabes, entre otros) utilizan sistemas de detección facial en aeropuertos y sitios públicos para identificar a las personas que pasen frente a esas cámaras y localizar delincuentes en proceso de búsqueda y captura. Empresas como Apple cuentan con detección facial para permitir un desbloqueo seguro del móvil al usuario. Y también es utilizado en México, con la aprobación del Padrón Nacional de Usuarios de Telefonía Móvil, de forma obligatoria para contratar tarjetas SIM (que quedan asociadas a datos biométricos registrados).

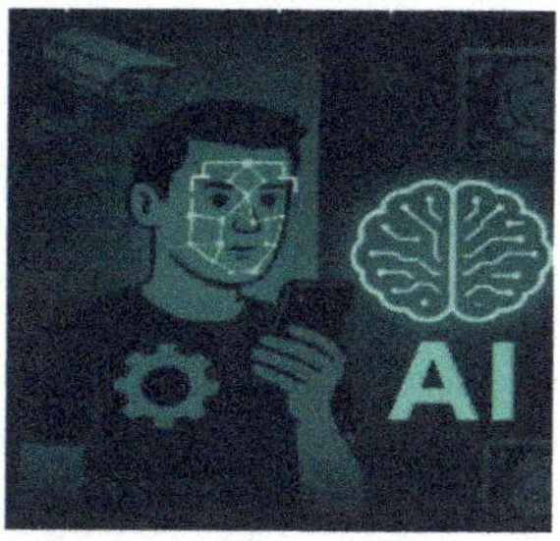

Imagen generada con Copilot

---

6. Diagnóstico asistido por imagen médica

En sanidad, existen modelos de IA que analizan radiografías, mamografías, TAC o imágenes de retina para detectar posibles tumores, fracturas u otras patologías. Se trata de IA débil porque el sistema está especializado en un tipo de imagen y en un conjunto concreto de enfermedades; no sustituye al profesional, sino que le proporciona una segunda opinión automatizada. El procesamiento de grandes volúmenes de estudios o análisis de pacientes en tiempos reducidos, permite realizar un primer cribado y clasificar los diagnósticos urgentes, que luego revisará el profesional.

7. Sistemas de conducción asistida y vehículos autónomos

Los sistemas de ayuda a la conducción (frenada automática, mantenimiento de carril, control de crucero adaptativo) y los pilotos de vehículos autónomos utilizan IA para interpretar datos de cámaras, radares y sensores. Estas soluciones de IA débil toman decisiones sobre aceleración, frenado o giro dentro del único objetivo de conducir con seguridad en un entorno concreto.

Imagen generada con Copilot

8. Traducción automática y procesamiento de texto

Herramientas de traducción en línea y aplicaciones de corrección ortográfica o sugerencia de texto (como el autocompletado del móvil) se basan en modelos de lenguaje especializados. Son IA débil porque están entrenados para tareas muy específicas del lenguaje (traducir, completar frases, clasificar opiniones), sin poseer comprensión semántica general.

---

9. Automatización y mantenimiento predictivo en industria

En entornos industriales, la IA analiza datos de sensores instalados en máquinas para anticipar fallos, programar paradas de mantenimiento o ajustar parámetros de producción. Estos sistemas de IA débil se especializan en detectar patrones anómalos en vibraciones, temperatura o consumo eléctrico y emitir alertas o recomendaciones concretas al personal correspondiente (que verificará el motivo de la alarma y actuará en consecuencia).

---

10. Publicidad personalizada y segmentación de marketing

Las plataformas de anuncios digitales utilizan IA para decidir qué anuncio mostrar a cada usuario en función de su comportamiento previo. De nuevo, se trata de IA débil porque el objetivo está muy definido (maximizar clics o conversiones) y el sistema actúa dentro de un marco de decisiones muy acotado. Sin embargo, estas recomendaciones se basan en datos o conceptos indicados de forma previa (como la franja de edad, el lugar de residencia, navegación o el tipo de consumo) que permiten predecir la siguiente opción.

IA fuerte (también llamada IA general o AGI)

Por otra parte, la IA fuerte es un concepto teórico que hace referencia a sistemas capaces de mostrar una inteligencia de carácter general, comparable a la humana (en cuanto a procesos de razonamiento), en una amplia variedad de tareas. Un sistema de este tipo podría comprender contextos muy distintos, aprender de manera autónoma, adaptarse a situaciones nuevas y aplicar lo aprendido en un ámbito a otros muy diferentes, sin necesidad de ser reprogramado para cada caso. A la IA fuerte se le atribuyen, en la literatura de ciencia ficción[5] y en los debates teóricos actuales, capacidades como:

Inteligencia general	Resolver problemas variados, razonar, planificar y tomar decisiones en dominios múltiples.
Aprendizaje flexible y continuo	Adquirir nuevos conocimientos durante toda su "vida útil", integrarlos y utilizarlos de forma creativa.
Transferencia de conocimiento	Aplicar lo aprendido en un contexto a otros problemas o entornos muy distintos.

[5] Literatura de ciencia ficción: más en "Información plus"

Eventual conciencia o autoconciencia[6]	Tema de debate en algunas corrientes filosóficas y técnicas.

Es importante subrayar que, a día de hoy, no existe consenso en la comunidad científica de que se haya logrado una IA fuerte plenamente funcional; la mayoría de los sistemas que utilizamos en la práctica siguen siendo ejemplos de IA débil, aunque cada vez más potentes.

Cuadro comparativo: IA débil vs. IA fuerte

Aspecto	**IA débil**	**IA fuerte general**
Alcance	Limitado a tareas.	Orientada a tareas intelectuales.
Flexibilidad	Baja: si hay muchos cambios se necesita rediseñar o reentrenar el sistema.	Alta: no requiere un rediseño complejo
Aprendizaje	Centrado en un problema complejo y datos específicos.	Amplio, acumulativo y transferible a otras tareas.
Grado de autonomía	Limitada: requiere supervisión y	Alta: puede fijar estrategias y decisiones con

[6] Eventual conciencia o autoconciencia: más en "Información plus"

	definición humana de los objetivos.	mínima intervención humana.
Estado actual	Desplegada de forma masiva (apps, webs, industria).	Hipotética y en investigación

Aprendizaje supervisado, no supervisado y por refuerzo

Los fundamentos del aprendizaje automático se clasifican en:

- Aprendizaje supervisado
- Aprendizaje no supervisado
- Aprendizaje por refuerzo

Entender la diferencia entre los tres paradigmas permiten enfocar el tratamiento de datos y los objetivos de forma correcta.

Aprendizaje supervisado

En el aprendizaje supervisado, el modelo se entrena con un conjunto de datos que incluye tanto las entradas (características observables) como las salidas correctas (etiquetas previamente asignadas por humanos). El algoritmo ajusta sus parámetros para minimizar la diferencia entre sus predicciones y las respuestas reales, aprendiendo a generalizar ese conocimiento a nuevos datos.

Sus aplicaciones principales son:

- **clasificación** (predecir categorías, como "spam/no spam" en correos)
- **regresión** (predecir valores continuos, como precios de viviendas).

Requiere un esfuerzo inicial significativo para etiquetar datos, pero produce resultados precisos cuando se dispone de información histórica de calidad.

Ejemplo práctico: un banco entrena un modelo con historiales de préstamos (ingresos, edad, historial crediticio) etiquetados como "aprobado" o "rechazado" para predecir riesgos futuros.

Aprendizaje no supervisado

Este enfoque entrena a un "agente[7]" que interactúa con un entorno, tomando acciones y recibiendo recompensas o penalizaciones en función de los resultados. El objetivo es maximizar la recompensa acumulada a largo plazo mediante ensayo y error, sin necesidad de datos etiquetados previos.

Se aplica en escenarios dinámicos donde las decisiones secuenciales importan, como optimización de procesos

---

[7] Agente: sistema autónomo que percibe su entorno, procesa información y actúa para cumplir objetivos definidos.

o juegos. Requiere más tiempo de entrenamiento y un diseño cuidadoso del sistema de recompensas.

Ejemplo práctico: un robot aprende a navegar un almacén evitando obstáculos, recibiendo puntos positivos por llegar rápido y negativos por colisiones.

Aprendizaje por refuerzo

Este enfoque entrena a un "agente" que interactúa con un entorno, tomando acciones y recibiendo recompensas o penalizaciones en función de los resultados. El objetivo es maximizar la recompensa acumulada a largo plazo mediante ensayo y error, sin necesidad de datos etiquetados previos.

Se aplica en escenarios dinámicos donde las decisiones secuenciales importan, como optimización de procesos o juegos. Requiere más tiempo de entrenamiento y un diseño cuidadoso del sistema de recompensas.

Ejemplo práctico: un robot aprende a navegar un almacén evitando obstáculos, recibiendo puntos positivos por llegar rápido y negativos por colisiones.

En los últimos años, grandes empresas logísticas como Amazon han incorporado robots y sistemas de inteligencia artificial para organizar el trabajo en sus almacenes, optimizar rutas y reducir tiempos de preparación de pedidos. Diversos reportajes periodísticos describen cómo estas tecnologías conviven con plantillas humanas, generando tanto mejoras de productividad como debates sobre condiciones laborales, ritmos de trabajo y nuevas competencias digitales necesarias para los empleados.

Actualmente cuenta con robots en centros logísticos que realizan los recorridos de la forma más óptima posible con el objetivo de reducir tiempo y desplazamientos.

El 14/10/2024 Amazon publica en su web la noticia sobre la aplicación de la robótica unida a la IA.

Fuente e imagen: https://www.aboutamazon.es/noticias/

Cuadros comparativos de paradigmas:

Paradigma	**Datos necesarios**	**Objetivo principal**
Supervisado	Etiquetados (entrada y salida)	Predicción precisa
No supervisado	No etiquetados	Descubrir patrones
Por refuerzo	Entorno + recompensas	Optimizar decisiones secuenciales

Paradigma	**Ventajas**	**Desafíos**
Supervisado	Alta precisión con datos buenos	Coste inicial de etiquetado
No *supervisado*	Exploratorio, sin sesgos	Resultados difíciles de validar
Por refuerzo	Adaptable a entornos dinámicos	Entrenamiento largo y complejo

1.3. Funcionamiento del ChatGPT

Arquitectura del mismo

ChatGPT es un sistema de IA generativa basado en modelos de lenguaje grandes (LLM) que procesa texto de entrada del usuario y genera respuestas coherentes mediante técnicas avanzadas de aprendizaje profundo.

Su diseño permite conversaciones fluidas y contextuales, aunque opera como IA débil especializada en el procesamiento del lenguaje natural.

Arquitectura basada en transformadores (Transformer)

El núcleo técnico de ChatGPT es la arquitectura **Transformer**, introducida en 2017 y optimizada en versiones sucesivas como GPT-3.5 y GPT-4. Esta estructura de red neuronal permite manejar secuencias largas de texto de forma paralela, capturando relaciones complejas entre palabras o frases distantes en el contexto.

Los componentes claves incluyen:

- **Autoatención (self-attention)**: mecanismo que evalúa la importancia relativa de cada palabra respecto a las demás en la misma secuencia, teniendo en cuenta su contribución al significado global.
- **Capas múltiples**: decenas o cientos de capas apiladas refinan progresivamente la comprensión del texto, desde representaciones básicas hasta patrones semánticos avanzados.
- **Decodificador (decoder-only)**: enfocado en generar texto secuencialmente, prediciendo la siguiente palabra o token basándose en todo lo anterior.

Esta arquitectura destaca por su eficiencia en el entrenamiento con grandes volúmenes de datos y su capacidad para mantener coherencia en conversaciones largas.

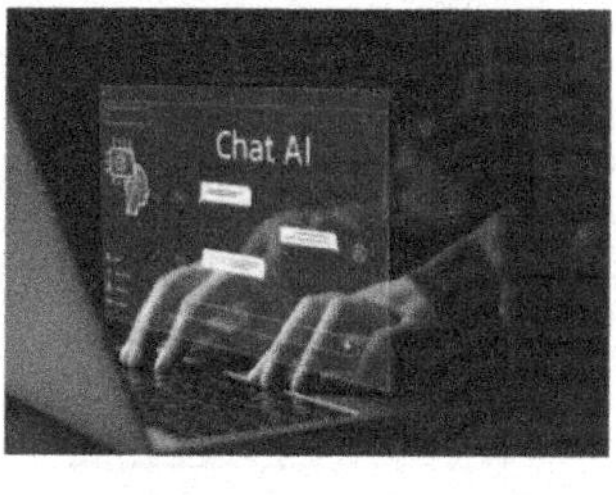

Imagen generada con Copilot

Flujo de procesamiento de una consulta

Cuando un usuario envía un mensaje, ChatGPT sigue estos pasos:

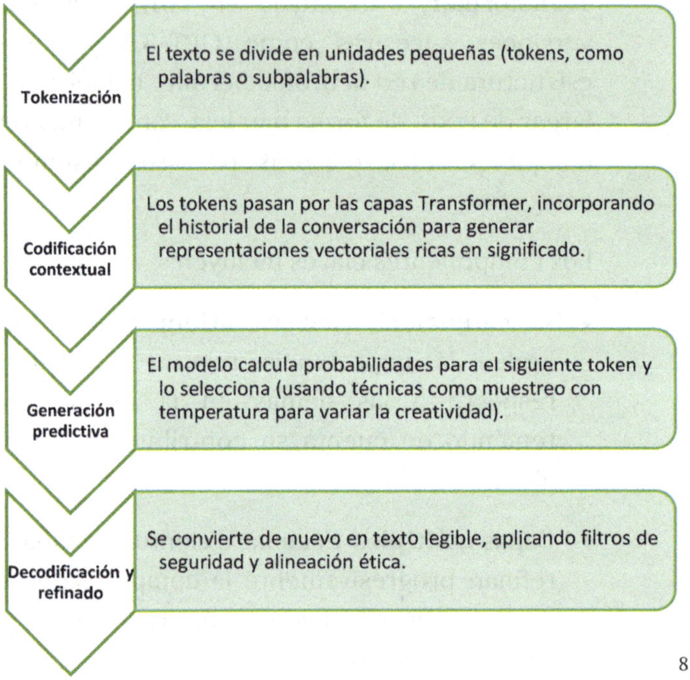

[8]

Todo ocurre en fracciones de segundo gracias a la optimización en hardware especializado (GPUs/TPUs).

Entrenamiento y escalado

ChatGPT se entrena en dos fases principales:

---

[8] Token: unidad mínima de información. más en "Información plus"

Preentrenamiento: exposición masiva a textos de internet (libros, webs, código) para aprender patrones lingüísticos generales, ajustando miles de millones de parámetros.

- **Ajuste fino (fine-tuning)**: refinado con datos de conversaciones humanas y retroalimentación para mejorar respuestas útiles, seguras y alineadas con valores humanos.

El tamaño del modelo (parámetros) determina su capacidad: versiones más grandes manejan contextos complejos, pero requieren más recursos computacionales.

Limitaciones inherentes a la arquitectura

Aunque potente, esta estructura tiene restricciones prácticas:

- Dependencia del contexto previo (ventana limitada de tokens).
- Posibles "alucinaciones" (genera información plausible pero incorrecta, incorpora fuentes que no existen, en vez de realizar preguntas adicionales al usuario inventa los datos faltantes).
- No actualiza conocimientos automáticamente (entrenado hasta una fecha fija).

Entender esta arquitectura ayuda a formular prompts efectivos y evaluar respuestas críticamente.

Algoritmos subyacentes

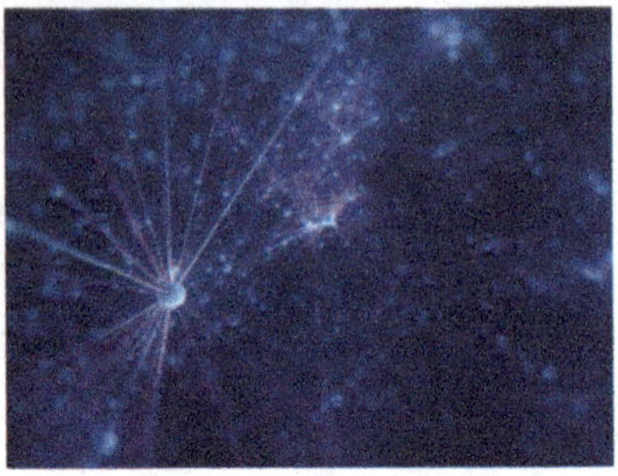

Imagen generada con Copilot

Los algoritmos que impulsan ChatGPT se centran en el procesamiento eficiente de secuencias de texto mediante redes neuronales profundas, optimizadas para generar lenguaje natural de forma coherente. Estos mecanismos permiten al modelo "entender" contexto y predecir palabras siguientes con alta precisión, aunque sin verdadera comprensión semántica humana.

Por lo tanto, se puede simplificar el concepto comparándolo con un conjunto de reglas y procedimientos lógicos que guían el comportamiento de la IA.

Mecanismo de autoatención (Self-Attention)

El algoritmo principal es el **mecanismo de autoatención**, que calcula la relevancia de cada elemento (token o palabra) en relación con los demás en la secuencia de entrada.

Utiliza tres componentes vectoriales derivados de cada token para determinar pesos de importancia y ponderar las contribuciones:

- Query (consulta)
- Key (clave)
- Value (valor)

Este enfoque permite capturar dependencias a larga distancia (por ejemplo, relacionar el sujeto de una oración con su verbo, aunque estén separados por muchas palabras), superando limitaciones de modelos anteriores.

En ChatGPT, se aplica de forma causal (masked), asegurando que solo se atienda a tokens previos durante la generación autoregresiva.

Generación autoregresiva y predicción de tokens

ChatGPT genera texto **token a token**, prediciendo la probabilidad de cada posible siguiente unidad basándose en el contexto acumulado. El algoritmo calcula una distribución de probabilidades sobre un vocabulario amplio y selecciona el token óptimo mediante técnicas como beam search o muestreo con temperatura (para equilibrar coherencia y creatividad).

El beam search es un algoritmo de búsqueda heurística que explora un espacio de posibles soluciones manteniendo solo un número limitado de opciones consideradas más prometedoras en cada paso. Su objetivo es equilibrar calidad de la solución y eficiencia computacional, evitando el crecimiento explosivo de alternativas.

En cada nivel del proceso, el algoritmo genera todas las posibles extensiones de las soluciones actuales. Luego ordena esas extensiones según una función heurística[9] que estima su calidad.

Conserva únicamente un número fijo de las mejores opciones, llamado beam width (o *ancho de haz*). Solo esas opciones seleccionadas continúan expandiéndose en el siguiente paso.

El procesamiento del lenguaje natural se utiliza en la: generación de texto, traducción automática y modelos secuenciales.

Y la búsqueda en grafos es utilizada como alternativa más eficiente que búsquedas exhaustivas.

Esto quiere decir que el beam search explora lo mejor sin perderse en todas las posibilidades, aplicando un límite explícito en la cantidad de rutas que se mantienen abiertas.

Optimización del entrenamiento (Backpropagation y RLHF)

Durante el entrenamiento, se usa backpropagation con descenso de gradiente (calcula las derivadas parciales del error de red con respecto a los parámetros aplicados), para minimizar la pérdida entre predicciones y datos reales.

La backpropagation tiene dos fases principales: propagación hacia adelante (introducción de datos en la

---

[9] Heurística: disciplina, arte o ciencia del descubrimiento.

red y cálculo de las salidas) y propagación hacia atrás de los errores.

Posteriormente, el aprendizaje por refuerzo con retroalimentación humana (RLHF) alinea el modelo con preferencias humanas: luego los usuarios evalúan respuestas, y un modelo de recompensa guía el refinado para priorizar utilidad y seguridad.

Integración en capas Transformer

En los modelos Transformer con solo decodificador, el mismo tipo de operaciones se repite varias veces en diferentes capas. Cada capa mejora los resultados de la anterior usando tres elementos:

- **Atención multi-cabeza**, que permite mirar la información desde varios puntos de vista.
- **Redes feed-forward**, que transforman la información de forma más compleja y no lineal.
- **Normalizaciones**, que mantienen el entrenamiento estable y evitan errores numéricos.

1.4. Procesamiento del lenguaje natural (NLP)

En este epígrafe se presentan las técnicas fundamentales que permiten a sistemas como ChatGPT trabajar con texto en lenguaje humano, desde el preprocesamiento básico hasta los modelos más avanzados de representación semántica.

Técnicas

1. Técnicas de preprocesamiento de texto

Antes de aplicar modelos de IA, el texto debe transformarse en una forma más manejable para la máquina.

Tokenización	Consiste en dividir el texto en unidades mínimas llamadas *tokens* (palabras, signos de puntuación o subpalabras, según el caso). Esto permite pasar de un párrafo continuo a una secuencia estructurada sobre la que se puede operar.
Normalización	Implica homogeneizar el texto, por ejemplo, pasando todo a minúsculas, eliminando acentos o unificando formas equivalentes (como "IA" e "inteligencia artificial").
Eliminación de stop words	Se eliminan palabras muy frecuentes (artículos, preposiciones, pronombres) que suelen aportar poca información al análisis, reduciendo ruido y tamaño del vocabulario.

Lematización y stemming:	El stemming recorta palabras hasta su raíz aproximada, mientras que la lematización las lleva a su forma base correcta (por ejemplo, "aprendiendo", "aprendí" → "aprender"), mejorando la agrupación de términos relacionados.

Estas técnicas son la base de cualquier pipeline[10] de NLP y resultan esenciales para preparar datos textuales en proyectos de análisis, clasificación o búsqueda.

2. Análisis lingüístico: morfología, sintaxis y semántica

Una vez limpio el texto, se aplican técnicas que buscan entender su estructura y significado.

Etiquetado gramatical (Part-of-Speech Tagging)	Clasifica cada palabra según su categoría gramatical (sustantivo, verbo, adjetivo, etc.), lo que ayuda a comprender la función de cada término en la oración.
Análisis sintáctico (parsing)	Construye árboles o estructuras que representan cómo se relacionan las palabras entre sí (sujeto, predicado, complementos), permitiendo

[10] Pipeline: en IA hace referencia a una secuencia o serie teórica de pasos

	extraer patrones de estructura oracional.
Análisis semántico	Intenta captar el significado de las oraciones, relaciones entre entidades y roles semánticos (quién hace qué, a quién, cuándo), y abordar problemas como la ambigüedad o la polisemia.
Análisis pragmático	Se centra en la intención del hablante y el contexto (ironía, sarcasmo, tono), algo especialmente relevante en aplicaciones como chatbots y análisis de opiniones.

En el contexto de ChatGPT, muchas de estas capacidades se aprenden de forma implícita a través de modelos de lenguaje de gran tamaño, en lugar de depender exclusivamente de reglas lingüísticas manuales.

3. Representación de texto: de bolsa de palabras a embeddings

Para que los algoritmos numéricos puedan trabajar con lenguaje, es necesario transformar palabras en vectores.

Bolsa de palabras (Bag	Representan un texto por la frecuencia de sus palabras o secuencias cortas de palabras, sin

of Words) y n-gramas	tener en cuenta el orden global. Es sencillo y útil para tareas de clasificación básica, pero pierde información de contexto.
TF-IDF (Term Frequency-Inverse Document Frequency)	Pondera las palabras según su importancia en un documento respecto a un conjunto de documentos, mejorando la relevancia en tareas de búsqueda y clasificación.
Word embeddings	Técnicas como word2vec, GloVe o modelos basados en transformadores representan palabras como vectores densos en un espacio continuo, donde la proximidad refleja similitud semántica (por ejemplo, "docente" y "profesor" quedan cerca).
Embeddings contextuales	Modelos modernos (BERT, GPT y otros) generan una representación distinta de una misma palabra según el contexto de la frase, resolviendo mejor las ambigüedades (por ejemplo, "banco" como entidad financiera o como asiento).

Estas representaciones son el puente entre el lenguaje humano y los algoritmos de machine learning y deep learning que se utilizan en aplicaciones avanzadas, como ChatGPT.

4. Técnicas avanzadas para tareas específicas

Estas técnicas se combinan en sistemas de diálogo, buscadores inteligentes, asistentes virtuales y, de forma especialmente potente, en modelos como ChatGPT.

Sobre estas bases se construyen técnicas orientadas a problemas concretos como:

Clasificación de texto	Utiliza modelos supervisados (Naive Bayes, SVM, redes neuronales, transformers) para asignar etiquetas (temas, categorías, spam/no spam, etc.) a documentos o mensajes.
Análisis de sentimiento	Identifica la polaridad (positivo, negativo, neutro) y el tono emocional de opiniones en redes sociales, reseñas o encuestas, combinando representaciones de texto y modelos de clasificación.
Reconocimiento de entidades nombradas (NER)	Detecta y clasifica nombres de personas, organizaciones, lugares, fechas, cantidades, etc., en el texto. Se implementa con reglas, modelos estadísticos (CRF, SVM) o redes neuronales profundas y transformers.
Modelado de lenguaje	Predice la siguiente palabra en una secuencia, tarea en la que se

	basan tanto modelos n-grama tradicionales como los grandes modelos de lenguaje actuales.
Traducción automática y resumen	Emplea arquitecturas neuronales (incluidos transformadores) para traducir entre idiomas o condensar documentos largos en resúmenes breves manteniendo las ideas principales.

Desafíos del procesamiento del lenguaje natural (NLP)

A pesar de los avances significativos, el NLP sigue enfrentando obstáculos relacionados con la complejidad del lenguaje humano, especialmente en sistemas como ChatGPT. Estos retos impactan la precisión, la equidad y la utilidad práctica en aplicaciones reales.

Ambigüedad y polisemia

Las palabras y frases pueden tener múltiples significados según el contexto, lo que genera interpretaciones erróneas (por ejemplo, "banco" como institución financiera o asiento). Los modelos luchan con ironía, sarcasmo y expresiones idiomáticas, ya que dependen de patrones estadísticos más que de comprensión profunda.

Comprensión contextual limitada

Aunque los transformadores capturan dependencias largas, pierden coherencia en conversaciones extensas o contextos muy específicos. Problemas como la "alucinación" ocurren cuando el modelo genera información plausible pero falsa, ya que prioriza la fluidez sobre la veracidad.

Las alucinaciones de la IA es un error en el que el sistema genera información "incorrecta, inventada o incoherente" presentada como si fuera una respuesta verdadera. El modelo cree "ver" patrones o relaciones inexistentes, generando respuestas sin fundamento.

Recursos computacionales y escalabilidad

Entrenar y ejecutar modelos grandes exige hardware costoso y consume mucha energía, limitando su accesibilidad. En producción, el equilibrio entre velocidad y calidad plantea dilemas prácticos.

Variabilidad lingüística y multilingüismo

El NLP destaca en inglés, pero falla con lenguas menos representadas, dialectos o jergas locales. Diferencias gramaticales, orden de palabras y estructuras culturales complican la traducción y el análisis cruzado.

Sesgos en los datos de entrenamiento

Los modelos reflejan prejuicios presentes en los corpus masivos de internet (género, raza, cultura), produciendo respuestas discriminatorias o injustas. Mitigarlos requiere datos diversos y técnicas de alineación, pero nunca se eliminan por completo.

Con la finalidad de solucionar o evitar estos sesgos es necesario aplicar algunas estrategias como los que figuran en los siguientes listados:

<u>Prompts neutrales y contextualizados</u>

- **Especificar contexto**: "Analiza este tema desde la perspectiva de España, incluyendo datos locales y evitando generalizaciones anglosajonas."
- **Pide múltiples enfoques**: "Presenta argumentos a favor y en contra, citando fuentes diversas y reconociendo posibles sesgos en los datos."
- **Reformula**: Si detectas sesgo, pregunta "Revisa tu respuesta anterior por sesgos culturales o de género y corrígela con evidencia neutral."

<u>Verificación y validación cruzada</u>

- **Consulta fuentes primarias**: Complementa siempre con búsqueda manual en bases académicas, estadísticas oficiales o medios verificados.
- **Compara versiones del modelo**: Prueba la misma pregunta en GPT-4o, Claude o Gemini para identificar patrones comunes de sesgo
- **Usa feedback explícito**: Indica "Esta respuesta parece sesgada hacia X; reformúlala incluyendo Y perspectiva."

Privacidad, ética y regulación

Procesar lenguaje sensible plantea riesgos de fugas de datos personales; además, generar contenido manipulable abre puertas a desinformación. Regular estos sistemas sin frenar la innovación es un reto global.

Desafío principal	**Impacto en CHATGPT**	**Estrategias de mitigación**
Ambigüedad	Respuestas incoherentes	Datos contextuales diversos
Sesgos	Contenido discriminatorio	RLHF y auditorías humanas
Alucinaciones	Información falsa	Verificación externa y prompts guiados
Recursos	Costes elevados	Modelos optimizados y destilación

Reconocer estos límites fomenta un uso crítico de ChatGPT: verificar respuestas, diversificar prompts y considerar sesgos éticos.

1.5. Entrenamiento y fine-tuning de modelos de lenguaje

Los modelos de lenguaje como ChatGPT se desarrollan en dos fases principales de entrenamiento: preentrenamiento general y ajuste fino específico, optimizando su capacidad para generar texto coherente y útil.

Preentrenamiento (pre-training)

Esta fase inicial expone el modelo a enormes volúmenes de texto no etiquetado (libros, webs, artículos científicos) para aprender patrones lingüísticos básicos. El objetivo principal es predecir la siguiente palabra (o token) en una secuencia, ajustando miles de millones de parámetros mediante algoritmos de descenso de gradiente.

Características clave:

- Datos masivos: billones de palabras de fuentes diversas, procesados en clústeres de GPUs durante semanas o meses.
- Aprendizaje no supervisado: el modelo descubre gramática, sintaxis y relaciones semánticas de forma autónoma.
- Resultado: capacidad general de entender y generar texto, pero sin especialización ni alineación ética.

Al finalizar, el modelo es competente en lenguaje, pero responde de forma impredecible o poco útil para tareas concretas.

Fine-tuning (ajuste fino)

Aquí se refina el modelo preentrenado con datos específicos y supervisión humana para adaptarlo a usos prácticos.

Pasos principales:

- **Fine-tuning supervisado**: se entrena con pares pregunta-respuesta de alta calidad, generados por humanos o sintetizados.
- **RLHF (Reinforcement Learning from Human Feedback)**: humanos evalúan respuestas preferidas; un modelo de recompensa guía el refinado para maximizar utilidad y seguridad.
- **Alineación ética**: se incorporan filtros contra sesgos, toxicidad o información falsa mediante datos curados.

Ejemplo práctico: ChatGPT pasa de generar texto aleatorio a conversaciones estructuradas, priorizando respuestas claras y seguras.

Cuadro comparativo de fases:

Fase	Datos	Objetivo
Pre entrenamiento	Texto crudo masivo	Patrones lingüísticos generales
Fine-tuning	Datos curados + feedback	Utilidad, alineación ética

Ministest - M1

1. ¿Cuál de las siguientes descripciones define mejor la Inteligencia Artificial (IA)?

a) Sistemas capaces de realizar tareas que normalmente requieren inteligencia humana, aprendiendo de datos y siguiendo algoritmos	b) Sistemas que imitan cualquier actividad humana, sin necesidad de usar datos ni algoritmos
c) Programas que solo ejecutan instrucciones fijas sin posibilidad de adaptarse	d) Robots físicos que siempre actúan de forma autónoma sin supervisión humana

2. ¿Cuál de los siguientes ejemplos ilustra mejor la diferencia entre IA débil (o estrecha) e IA fuerte?

a) Un programa de hoja de cálculo y un procesador de textos	b) Un asistente virtual que responde correos y un humano que escribe poesía original sobre su vida interior
c) Dos asistentes virtuales: uno que responde correos y otro que traduce idiomas	d) Un robot aspirador y otro robot aspirador de una marca distinta

3. En el funcionamiento de ChatGPT, ¿qué papel juega el modelo de lenguaje entrenado con grandes cantidades de texto?

a) Selecciona manualmente respuestas escritas previamente por personas, sin generar texto nuevo	b) Predice la siguiente palabra o token más probable en función del contexto previo
c) Ejecuta cálculos numéricos exactos como una hoja de cálculo especializada	d) Traduce siempre el texto de entrada a otro idioma, independientemente de la pregunta

4. Dentro del Procesamiento del Lenguaje Natural (NLP), ¿qué técnica se utiliza típicamente para representar palabras como vectores numéricos que capturan similitudes de significado?

a) Ordenar alfabéticamente todas las palabras del texto	b) Embeddings de palabras aprendidos durante el entrenamiento
c) Codificación one-hot sin información de contexto	d) Tablas de verdad lógicas

5. ¿Cuál es uno de los desafíos importantes en NLP?

a) Que los modelos siempre recuerdan literalmente todo el texto de entrenamiento sin errores	b) Eliminar completamente la necesidad de datos de entrenamiento en los modelos

c) Manejar la ambigüedad del lenguaje y el contexto cambiante en diferentes situaciones	d) Garantizar que todas las frases sigan reglas gramaticales perfectas en todo momento

Caso práctico – M1

Incorporación de la IA en una Academia

Escenario: una pequeña academia de formación quiere modernizar su oferta de cursos y mejorar la atención al alumnado utilizando Inteligencia Artificial. Actualmente gestionan:

- Consultas frecuentes por correo y WhatsApp (horarios, requisitos, precios, certificados).
- Preparación de materiales didácticos (temarios, resúmenes, ejercicios).
- Comunicación con empresas para prácticas y orientación laboral.

La dirección ha oído hablar de ChatGPT y de la IA generativa, pero tiene dudas sobre qué tipo de IA es, cómo funciona y qué riesgos puede implicar su uso.

La academia te contrata como persona técnica de apoyo para diseñar una propuesta básica de uso responsable de ChatGPT, basada en los contenidos del Módulo 1.

Actividad 1: identificar el tipo de IA

1. Explicar por qué ChatGPT es un ejemplo de IA débil y no de IA fuerte.
2. Indicar al menos dos tareas específicas para las que podría usarse en la academia (por ejemplo, responder FAQs o generar borradores de actividades).

Actividad 2: relacionar el caso con tipos de aprendizaje

Para cada situación, indica qué tipo de aprendizaje interviene en el entrenamiento del modelo (supervisado, no supervisado o por refuerzo) y justifica brevemente:

a) ChatGPT aprende patrones generales del idioma a partir de grandes cantidades de texto de internet.

b) Personas evaluadoras marcan que respuestas de ChatGPT son mejores y el modelo se ajusta para imitarlas.

c) Un sistema de recomendación de cursos sugiere formaciones basándose en similitudes entre perfiles de alumnos, sin etiquetas previas.

MÓDULO 2. DESAFÍOS Y AVANCES EN INTELIGENCIA ARTIFICIAL

2.1. Aplicaciones de ChatGPT en diferentes sectores:

ChatGPT y otros modelos similares han aterrizado en diversos sectores automatizando tareas repetitivas o con mucho volumen de datos, generando texto dentro de contexto y soporte personalizado al usuario.

Estas actúan como una herramienta complementaria al expertise de las personas.

Medicina

En el ámbito sanitario, ChatGPT apoya tanto a profesionales como a pacientes en procesos que requieren procesamiento rápido de información textual.

Asistencia en documentación clínica: genera resúmenes de historias clínicas, notas de consultas o informes de alta a partir de datos del paciente, reduciendo tiempo administrativo y minimizando errores de transcripción.

Apoyo educativo para pacientes: explica síntomas, tratamientos o efectos secundarios en lenguaje accesible, fomentando la adherencia terapéutica y la alfabetización sanitaria.

Sugerencias diagnósticas preliminares: analiza descripciones de síntomas para proponer hipótesis que el médico valide, actuando como "segunda opinión" rápida en urgencias o consultas iniciales.

Estos usos mejoran la eficiencia, pero requieren supervisión para evitar errores médicos.

Educación

ChatGPT enriquece el proceso docente-alumno al personalizar el aprendizaje y optimizar tareas rutinarias.

Tutoría personalizada: responde dudas en tiempo real con explicaciones adaptadas al nivel del alumno, simulando sesiones individuales (por ejemplo, aclarar un concepto matemático con ejemplos cotidianos).

Generación de materiales didácticos: crea ejercicios, cuestionarios o resúmenes temáticos, permitiendo a docentes enfocarse en interacción directa y evaluación cualitativa.

Apoyo a proyectos: ayuda en la planificación y síntesis de trabajos, fomentando habilidades críticas al requerir que el alumno valide y refine las sugerencias del modelo.

Facilita el acceso equitativo al conocimiento, pero exige guías para promover el pensamiento independiente.

Servicio al cliente

En atención al cliente, ChatGPT acelera respuestas y mejora la experiencia del usuario mediante interacción natural.

Resolución automática de consultas comunes: responde preguntas frecuentes sobre productos, envíos o políticas, liberando agentes humanos para casos complejos.

Gestión de quejas con empatía: genera respuestas compasivas y propone soluciones personalizadas, manteniendo la satisfacción incluso en situaciones tensas.

Multilingüismo instantáneo: traduce y adapta respuestas a la lengua del cliente, ideal para empresas globales o servicios turísticos.

Reducción estimada de costes operativos hasta un 30-50%, pero necesita integración con sistemas CRM para continuidad y actualización de datos.

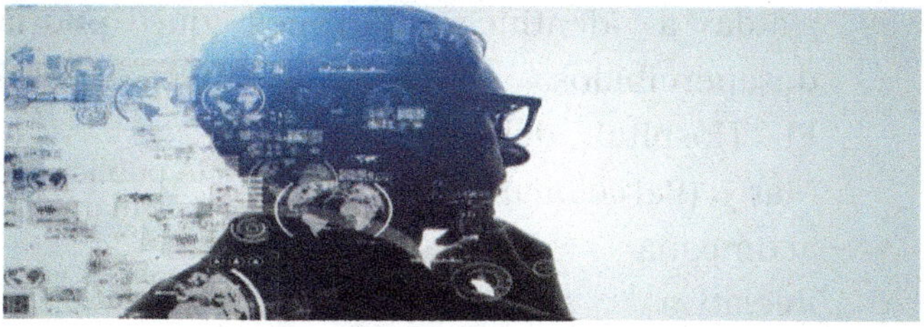

Imagen generada con Copilot

Ejemplos concretos de aplicación en 2026:

Educación: herramientas como Duolingo usan derivados para tutorías multilingües adaptativas.

Empresa: Salesforce Einstein integra modelos pre-entrenados para automatizar CRM con resúmenes de interacciones cliente.

Sanidad:

GPT-4: variantes pre-entrenadas analizan historiales clínicos para sugerir diagnósticos diferenciales, integradas en plataformas como Epic Systems.

Un ejemplo cercano del uso de IA en sanidad es el de hospitales españoles que están probando sistemas de ayuda a la decisión clínica para analizar grandes volúmenes de datos médicos y apoyar al personal en el diagnóstico o en la priorización de casos. En estas experiencias piloto, la IA no sustituye al profesional, sino que actúa como una herramienta complementaria que propone posibles diagnósticos, sugiere pruebas o ayuda a identificar patrones que podrían pasar desapercibidos.

El Hospital del Mar (Barcelona) acompaña la iniciativa de comités éticos y supervisión humana constante para evitar errores y sesgos.

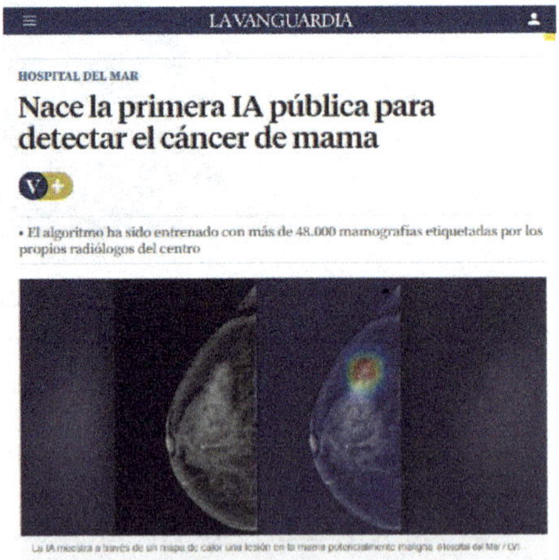

LAVANGUARDIA

HOSPITAL DEL MAR

Nace la primera IA pública para detectar el cáncer de mama

• El algoritmo ha sido entrenado con más de 48.000 mamografías etiquetadas por los propios radiólogos del centro

La IA muestra a través de un mapa de calor una lesión en la mama potencialmente maligna. Hospital del Mar / LV

Imagen y noticia publicada por La Vanguardia el 21/02/2026

Desarrollo: GitHub Copilot (basado en GPT) genera código completo desde descripciones en lenguaje natural.

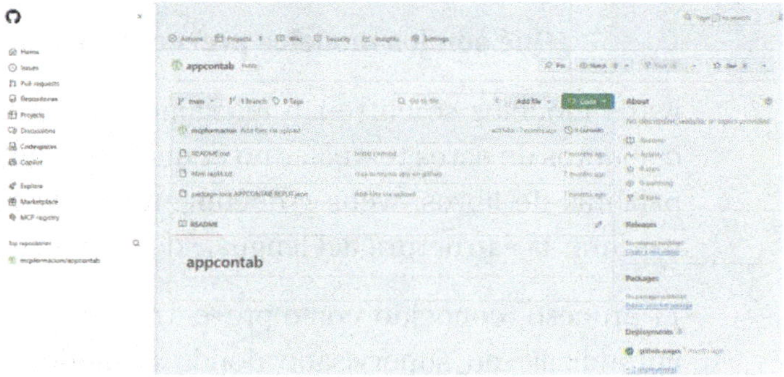

Imagen capturada de GitHub

Estos ejemplos muestran cómo el conocimiento general (estructura del lenguaje, formas básicas de los objetos) se reutiliza para problemas particulares, aun cuando el conjunto de datos específico es relativamente pequeño.

2.2. Avances recientes en IA y ChatGPT

Modelos pre-entrenados

Los modelos pre-entrenados representan un hito en el desarrollo de la inteligencia artificial generativa, al permitir que sistemas como ChatGPT aprendan patrones lingüísticos generales de forma masiva antes de especializarse en tareas concretas.

Han revolucionado la IA generativa al establecer una base de conocimiento lingüístico masivo que acelera el desarrollo de aplicaciones prácticas, como se ve en la evolución de ChatGPT desde el 2022 hasta la fecha.

¿Qué son los modelos pre-entrenados?

Estos modelos se entrenan inicialmente con enormes conjuntos de datos textuales no etiquetados (billones de palabras de libros, webs y documentos públicos) para capturar la estructura del lenguaje de manera general.

El proceso, conocido como pre-entrenamiento, utiliza aprendizaje no supervisado donde el modelo predice palabras omitidas o siguientes en secuencias, ajustando sus parámetros (millones o billones) mediante optimización masiva en clústeres de procesadores gráficos.

En esta etapa el entrenamiento consiste en analizar gran cantidad de datos (que abarcan cientos de gigabytes) y textos extraídos de Common Crawl[11], libros digitalizados, código de fuente abiertos, etc.

Básicamente utilizan en todo el proceso dos tipos de tareas que permiten al usuario obtener en tiempo reducido las respuestas o análisis solicitado:

- **Masked language modeling** (predecir palabras ocultas).
- **Next-token prediction** (adivinar la siguiente palabra),

[11] Common Crawl: más en "Información plus"

Una vez completado, el modelo adquiere capacidades básicas como comprensión gramatical, relaciones semánticas y generación fluida de texto, sirviendo como base reutilizable para múltiples aplicaciones.

Ventajas clave en el contexto actual

Con la utilización de este pre-entrenamiento aumenta la eficiencia al evitar entrenar desde cero, reduciendo tiempo y costes computacionales hasta en un 90% para tareas nuevas.

Se realiza una transferencia de conocimiento dado que lo aprendido en pre-entrenamiento se adapta fácilmente a dominios específicos mediante ajuste fino (fine-tuning). Permite la escalabilidad a modelos más grandes (como GPT-4) mejoran rendimiento en razonamiento, contexto largo y multilingüismo.

A continuación, en el cuadro comparativo, se puede observar el avance año tras año a una alta velocidad. Esta rápida evolución da indicios de que solo es el principio y que estamos lejos de su total desarrollo.

Evolución reciente (2023–2026)

Modelo Familia	**Año**	**Avances principales**	**Ejemplos de uso actual**
GPT-3.5	2022	Chat coherente	ChatGPT inicial, borradores de emails

GPT-4	2023	Multimodal (texto+imagen), razonamiento	Análisis de radiografías médicas.
GPT-4o	2024	Voz en tiempo real, contexto 128k tokens	Asistentes virtuales en apps móviles
GPT-4 *Turbo*	2025	Optmizado coste	Resúmenes de documentos legales largos
Modelos abiertos (Llama 3, Mistral)	2025-26	Código abierto, fine-tuning local	Chatbots empresariales personalizados

Diferentes avances han potenciado la versatilidad. Con la integración de texto con imágenes y voz para análisis de documentos visuales o conversaciones naturales se ha desarrollado una clara capacidad multimodal. Permitiendo dictar con voz o procesar sonidos y trabajar a partir de una imagen (como el caso explicado anteriormente del Hospital del Mar), además del procesamiento de textos original.

La ampliación hasta 1M+ tokens permiten procesar libros enteros, hilos largos de chats o grandes volúmenes de datos (contextos extendidos),

Algunas versiones de código abierto facilitan personalizaciones locales. En el caso de Gemini ahora es posible crear “Gems” que es una versión personalizada del modelo de Google para que actúe como experto en una tarea específica, repetitiva o nichos de conocimiento.

El ahorro de tiempo es importante porque permite configurar un rol, estilo y contexto evitando la necesidad de escribir lo mismo cada vez que se utiliza este modelo.

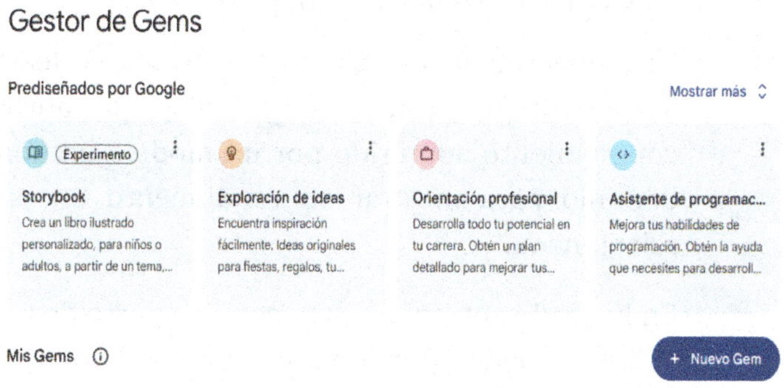

Imagen de gestor de Gems de Gemini

Estos progresos han democratizado el acceso a IA potente, aunque requieren recursos significativos para su despliegue.

Fase	**Características principales**	**Ejemplos de impacto**
Pre-entrenamiento	Datos masivos, sin supervisión	Aprende gramática y semántica general
Fine-tuning	Datos específicos, supervisado	Adaptación a chatbots o análisis

Los modelos pre-entrenados explican la base de herramientas como ChatGPT que permiten su uso eficiente con supervisión ética (este tema lo analizaremos al final de este módulo).

Transferencia de aprendizaje

La transferencia de aprendizaje (transfer learning) es una estrategia de machine learning que aprovecha el conocimiento adquirido por un modelo en una tarea o dominio para mejorar su rendimiento en otra tarea relacionada.

En lugar de entrenar desde cero, se parte de un modelo pre-entrenado (por ejemplo, un modelo de lenguaje como GPT) y se adapta a un nuevo problema mediante un ajuste adicional con menos datos y menos coste computacional.

Idea básica y motivación

La transferencia de aprendizaje surge precisamente para escenarios en los que:

- Hay mucha información en un dominio origen o de partida (por ejemplo, texto general de internet),
- Pero pocos datos etiquetados en el dominio destino (por ejemplo, informes médicos en castellano).

El modelo aprovecha estructuras, patrones y representaciones aprendidas en el origen (gramática, relaciones semánticas, estilos de redacción) y las reutiliza en la nueva tarea, reduciendo el volumen de datos y tiempo de entrenamiento necesarios.

Cómo funciona en la práctica

En puntos anteriores hemos analizado las dos etapas del proceso:

Tipos de transferencia de aprendizaje

Los tipos de transferencia distinguen entre varias formas según la relación entre tareas y dominios:

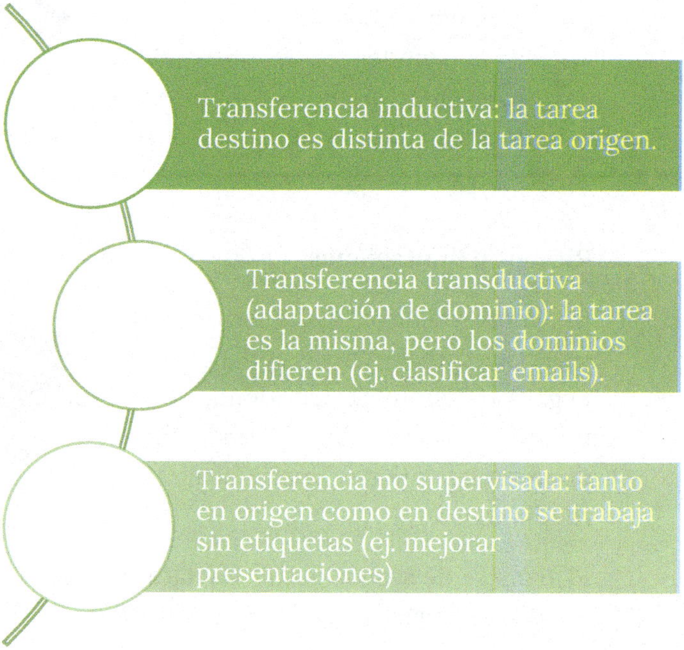

Además, los mecanismos internos de transferencia pueden basarse en:

- Reutilizar instancias (ponderar ejemplos del dominio origen).
- Transformar representaciones (aprender una nueva proyección de características válida para ambos dominios).
- Compartir parámetros (usar pesos comunes entre tareas, como en redes neuronales profundas).

Ventajas y riesgos

Entre las ventajas de la transferencia de aprendizaje las más valoradas son la reducción de tiempo y el coste de entrenamiento. Los usuarios tienen acceso a modelos de alto nivel entrenados por organizaciones con acceso a elevados volúmenes de datos y una gran capacidad tecnológica.

Riesgos y limitaciones:

Es imprescindible tener en cuenta que las transferencias pueden ser negativas también. Un dominio de origen y otro de destino muy diferentes puede perjudicar el rendimiento.

El arrastre de sesgos desde los datos de origen también puede propagarse en el dominio destino.

Es necesario realizar una evaluación cuidadosa para asegurar que la adaptación realmente mejora la tarea objetivo.

GPT-4

GPT-4 (Generative Pre-trained Transformer 4) es la cuarta generación de modelos de lenguaje grande desarrollados por OpenAI, lanzado en marzo de 2023 como sucesor de GPT-3.5.

Representa un salto significativo en capacidades cognitivas, multimodalidad y fiabilidad, posicionándose como una herramienta versátil para tareas complejas que demandan razonamiento avanzado y manejo de contextos extensos.

Características técnicas principales

GPT-4 se distingue por su arquitectura más robusta y entrenamiento ampliado, aunque OpenAI no revela el número exacto de parámetros (estimaciones independientes lo sitúan en trillones, superando los 175 mil millones de GPT-3).

- **Ventana de contexto ampliada**: procesa hasta 32.768 tokens (o 128.000 en variantes como GPT-4 Turbo), equivalente a documentos largos o conversaciones prolongadas, frente a los 4.096 de GPT-3.5.
- **Multimodalidad nativa**: acepta entradas de texto e imágenes, generando solo texto como salida. Esto

permite analizar gráficos, fotos o diagramas para responder consultas integradas.

- **Mayor precisión factual**: reduce "alucinaciones" (respuestas inventadas) en un 40% respecto a GPT-3.5, gracias a mejor alineación y entrenamiento con datos más curados.
- **Razonamiento mejorado**: resuelve problemas lógicos, matemáticos y científicos con tasas de éxito superiores (por ejemplo, 92% en predicciones clínicas vs. 87% de GPT-3.5).

Estas mejoras se logran mediante escalado en datos (45 GB vs. 17 GB de GPT-3), optimización de entrenamiento estable y técnicas de alineación como RLHF[12] avanzado.

Diferencias clave con GPT-3.5

Aspecto	GPT-3.5	GPT-4/GPT4 Turbo
Entrada	Solo texto	Texto + imágenes
Contexto	4K-16K tokens	32K-128K tokens
Precisión	Alta en tareas simples	Superior en complejas
Velocidad	Más rápida para consultas básicas	Ligeramente más lenta, pero optimizada
Programación	Código básico	Debugging avanzado, corrección automática

[12] RLHF: más en "Información plus"

GPT-4 destaca en creatividad (imitar estilos, generar guiones), seguir instrucciones matizadas y estabilidad, siendo más "creíble" en outputs profesionales.

Aplicaciones prácticas actuales (2026)

En entornos productivos, GPT-4 impulsa herramientas especializadas:

Medicina: análisis de informes clínicos con imágenes (radiografías) para sugerir diagnósticos diferenciales.

Educación: creación de planes personalizados y tutorías interactivas con retroalimentación visual.

Desarrollo software: GitHub Copilot X (basado en GPT-4) genera y depura código completo desde descripciones naturales.

Empresas: integración en CRM como Salesforce para resumir interacciones cliente o automatizar soporte multilingüe.

Creatividad: generación de contenido multimedia (guiones, música básica) con adaptación a estilos específicos.

En 2026, variantes como GPT-4 Turbo optimizan costes para escalabilidad empresarial, aunque se anuncia la transición hacia GPT-5.1 en APIs.

Limitaciones y consideraciones

A pesar de sus avances, GPT-4 no es infalible: puede alucinar en temas nicho, consume más recursos y depende de prompts bien diseñados.

Requiere supervisión humana en contextos críticos como sanidad o legal.

La IA generativa eleva la productividad, pero su uso ético demanda verificación constante y adaptación sectorial.

2.3. El futuro de la IA

La inteligencia artificial evolucionará hacia sistemas más autónomos, eficientes y éticamente regulados entre 2026 y 2027, pasando de herramientas reactivas a colaboradores proactivos que integran múltiples capacidades en entornos reales.

Principales tendencias proyectadas

Estas direcciones responden a demandas de sostenibilidad, privacidad y utilidad práctica en sectores productivos.

Agentes IA inteligentes: programas que planifican y ejecutan tareas completas sin supervisión constante (por ejemplo, organizar agendas, gestionar inventarios o coordinar equipos virtuales), coordinándose entre sí para resolver problemas complejos.

Modelos compactos y especializados: abandono de gigantes ineficientes por redes neuronales pequeñas, optimizadas para dominios específicos (sanidad, logística, educación), con menor consumo energético y mayor precisión local.

IA distribuida (Edge AI): procesamiento en dispositivos cotidianos (móviles, sensores industriales) para respuestas instantáneas, protección de datos y funcionamiento sin conexión a internet.

Multimodalidad integrada: combinación de texto, imagen, voz y datos físicos en un solo sistema, habilitando robots colaborativos, análisis médicos visuales o interfaces naturales.

Regulación y gobernanza: marcos legales estrictos (como el AI Act europeo) que exigen auditorías, trazabilidad y responsabilidad, junto con datos sintéticos para entrenar sin comprometer privacidad.

Sostenibilidad tecnológica: chips especializados (ASIC, cuánticos) y algoritmos eficientes para reducir la huella energética de la IA, priorizando proyectos con retorno medible.

Escenarios prácticos para 2027

Tendencia	**Aplicación en empresa**	**Beneficio clave**
Agentes autónomos	Gestión integral de clientes	Reducción del tiempo administrativo

IA *Edge*[13]	Monitoreo industrial en tiempo real	Decisiones offline seguras
Modelos compactos	Asistentes personalizados por sector	Costes estimados 70% inferiores

Estas evoluciones transformarán la IA en un pilar productivo accesible, pero demandarán competencias en integración ética y adaptativa.

La sociedad debe prepararse para supervisar y no ejecutar, adaptarse continuamente mediante certificaciones en plataformas de agentes como Open AI, Operator o Replit.

La proliferación de agentes autónomos que tienen la capacidad de planificar, ejecutar y coordinar tareas complejas sin intervención humana transformará radicalmente el mercado laboral.

La automatización de procesos end-to-end gestiona mediante agentes ciclos completos administrativos, eliminando roles de nivel básico y reduciendo plantillas especialmente en áreas de atención al cliente y operaciones. Trabajos rutinarios y de mayor volumen desaparecerán dando paso a otros roles híbridos que supervisan, entrenan y diseñan flujos de agentes IA.

Estos cambios generan nuevas oportunidades laborales, enfocadas principalmente en ingenieros de agentes,

[13] IA Edge: más en "Información plus"

especialistas IA y análisis éticos de automatización con salarios superior a los programadores tradicionales.

Los sectores con más impacto son administración, marketing, atención al cliente y manufactura.

En la administración algunas de las tareas automatizadas son facturación y gestión de agendas. En estos casos surgen las figuras de orquestadores de flujo IA (que gestionan procesos completos).

En cuanto a marketing, para la creación de campañas o segmentaciones, un rol emergente es el de diseñador de agente comercial.

En el ámbito de atención al cliente la automatización de resolución de incidencias de primer nivel o ticketing proporciona la necesidad de supervisores de calidad conversacional.

Una nueva demanda de integradores IA-robótica para realizar planificaciones en logística e inventarios automatizan el sector de manufactura.

Nuevos escenarios laborales

El impacto en las tareas realizadas con IA en las empresas genera nuevos escenarios laborales. La reducción de tiempo para realizar determinados procesos o directamente externalización a agentes IA reducen la necesidad de horas extras, en un 25% aproximadamente.

Será necesario un up-skilling masivo en la reconversión y actualización de la plantilla, priorizando nuevas competencias como prompt engineering avanzado o gobernanza de agentes.

Imagen generada con Copilot

Temporalmente habrá una desigualdad entre la pequeña y mediana empresa frente a las multinacionales, generando una brecha digital competitiva. También aumentará la brecha digital ya existente entre los empleados que necesitan alfabetización digital y quienes solo deben realizar una actualización formativa.

Estrategias de reconversión laboral frente IA

Las estrategias de reconversión laboral ante la IA se basan en tres pilares: el desarrollo de nuevas competencias, la reestructuración de los puestos de trabajo y el uso de la IA como medio para un aprendizaje constante.

Es esencial que los programas sean breves, útiles y vinculados a posiciones reales.

1. Recapacitación (upskilling) y mejora de habilidades estructurada (reskilling)

Upskilling: renovación de habilidades del trabajo presente (por ejemplo, adquirir conocimientos sobre cómo utilizar herramientas de inteligencia artificial para el análisis de datos o la redacción asistida).

Reskilling: Capacitar a una persona para un rol distinto dentro o fuera de la entidad (por ejemplo, cambiar de labores administrativas recurrentes a tareas de manejo de contenidos o soporte digital).

2. Aprendizaje extremadamente personalizado con inteligencia artificial

Itinerarios personalizados: plataformas que, mediante la inteligencia artificial, analizan el perfil, la experiencia y las metas para sugerir itinerarios formativos adaptados a cada persona.

Microaprendizaje (microlearning): cápsulas breves que se incorporan a la cotidianidad (como videos cortos o desafíos prácticos) y que posibilitan el aprendizaje "justo a tiempo" cuando surge un nuevo proceso o herramienta.

Orientación profesional asistida: chatbots especializados que apoyan en la detección de áreas con mayor demanda y cursos fundamentales para ingresar a ellas.

3. Rediseño adaptable de funciones y tareas

División del trabajo persona-IA: determinar qué labores (las que se repiten y las de bajo valor) han de ser automatizadas por la IA, y cuáles necesitan el fortalecimiento con intervención humana (decisiones, trato con personas, creatividad).

Puestos híbridos: creación de roles que combinan la gestión de inteligencia artificial y el conocimiento de negocios (por ejemplo, analista de datos asistidos, formador digital u orquestador de agentes).

Rotación interna: emplear la inteligencia artificial como instrumento para trasladar a personas de puestos en peligro a nuevos roles.

4. Apoyo de las instituciones y políticas públicas

Formación subvencionada: programa público de capacitación en habilidades digitales fundamentales, inteligencia artificial y datos para grupos vulnerables o áreas en proceso de reconversión.

Incentivos para las compañías: asistencia y ventajas fiscales para las instituciones que optan por invertir en la recualificación de su personal en vez de despedir a los empleados.

Alfabetización en IA: programas de "cultura digital" dirigidos a todos los trabajadores, enfocados en comprender las fronteras, los peligros y el uso responsable de la inteligencia artificial en el ámbito laboral.

Habilidades top demandadas por la IA en 2026

Según el informe actual sobre tendencias laborales y profesionales, la atención se centra en las habilidades híbridas que combinan el dominio técnico de las herramientas de inteligencia artificial con las habilidades humanas necesarias. Las 10 habilidades más importantes:

1. Diseño operativo avanzado/ Ingeniería de prompts: crear instrucciones precisas para maximizar los resultados de modelos como GPT-4 o Claude, distinguiendo los resultados promedio de los resultados óptimos.

https://claude.ai

2. Automatización de procesos con IA: integrar agentes autónomos en sus procesos de negocio (RPA + LLM) utilizando Zapier, Make o API para eliminar tareas repetitivas.

https://zapier.com/es

3. Análisis datos con IA: interpretar resultados de IA, identificar errores del sistema y convertir conocimientos en soluciones útiles (aprendizaje automático básico en Python).

4. Orquestación de agentes de IA: coordinar múltiples sistemas autónomos para realizar tareas complejas, como campañas end-to-end o gestión de proyectos.

5. Ciberseguridad con IA: proteger los modelos de ataques (prompt injection[14], envenenamiento de datos o data poisoning[15]) y comprobar si hay sesgos éticos.

6. Pensar críticamente sobre la IA: cuestionar los resultados automatizados, comprobar si hay "alucinaciones" y alinear los resultados con los objetivos de la empresa o usuario.

7. Crear aplicaciones impulsadas por IA low-code/no-code: desarrollar aplicaciones (apps) y SaaS utilizando una plataforma visual impulsada por IA (Bubble + GPT). https://bubble.io/

8. Ética y gobernanza de la inteligencia artificial: evaluar impactos legales regulatorios (Ley de Inteligencia Artificial de la UE) y desarrollar el uso responsable en las empresas.

9. Creación multimodal: control por voz sobre imágenes de texto para contenido hiperrealista (Midjourney, Runway, ElevenLabs).

---

[14] Prompt injection: más en "Información plus"
[15] Poisoning: más en "Información plus"

Imagen capturada de Midjourney

https://www.midjourney.com/

10. Aprendizaje adaptativo continuo: actualización permanente de nuevas herramientas de IA, priorizando el microlearning práctico.

Perspectivas

En los próximos años, la IA se proyecta como una tecnología más integrada en la vida diaria, menos experimental y con mayor enfoque en resultados específicos en las empresas, la educación y los servicios públicos.

IA como una capa operativa oculta

La IA generativa dejará de ser "una herramienta aparte" y se transformará en una capa que se incorpora a casi todas las aplicaciones: ofimática, CRM, ERP, servicios ciudadanos, plataformas educativas y analítica. En vez de abrir un chatbot,

Las personas interactuarán con asistentes contextuales que ya están integrados en sus programas habituales. Estos asistirán a los usuarios sugiriendo acciones, terminando tareas y pronosticando necesidades.

De ayudantes a colaboradores activos

Los modelos pasarán de seguir órdenes a gestionar flujos de trabajo integrales, conectando información entre áreas y llevando proyectos desde su concepción hasta que se ejecuten. Esto significa que los agentes trabajan simultáneamente en correo, navegador, gestor de proyectos y sistemas internos, coordinando tareas sin que el usuario tenga que cambiar entre herramientas.

Mayor enfoque en la sostenibilidad y la eficiencia

La indagación se dirigirá desde la creación de modelos cada vez más grandes hacia conseguir más con menos: chips específicos, modelos más pequeños y arquitecturas eficaces para disminuir los costos económicos y energéticos. La inteligencia artificial será valorada más por su influencia cuantificable en la productividad, la disminución de errores en procesos críticos y el ahorro de tiempo.

En educación, la perspectiva dominante es que la IA no sustituirá a docentes, sino que actuará como copiloto: corregirá tareas, sugerirá apoyos personalizados y liberará tiempo para la parte humana del acompañamiento. En el entorno de trabajo, será crucial para la orientación profesional, ya que ayudará a armonizar las habilidades de las personas con itinerarios educativos y oportunidades laborales.

Es importante destacar la necesidad de aprender a convivir con la IA como compañera de trabajo, no solo como herramienta puntual: saber diseñar flujos con agentes, interpretar sus resultados y decidir cuándo intervenir.

2.4. Casos de estudio y proyectos prácticos con ChatGPT

Caso 1: Integración de Bing con ChatGPT (Microsoft)

Bing implementó funcionalidades de ChatGPT con el propósito de desarrollar un buscador conversacional que proporciona respuestas a preguntas difíciles mediante datos en tiempo real, citas y resúmenes organizados.

Aplicación: Bing Chat emplea el modelo Prometheus para fusionar búsqueda convencional con producción de texto.

Resultados: incremento del 40 % en la utilización semanal y más de un millón de usuarios en la lista de espera inicial.

Ventajas: respuestas contextuales (por ejemplo, "Compara hoy los precios de teléfonos móviles en

España"), citas que puedan ser verificadas y navegación incorporada en Edge.

Retos: manejo de visiones y confidencialidad en búsquedas delicadas.

Proyecto práctico: configurar un agente en ChatGPT Plus que emule "Bing local" para preguntas empresariales (por ejemplo, "Examina las tendencias de ventas de IA en la comunidad autónoma “XX” 2026 utilizando fuentes").

Analizar la exactitud y sugerir mejoras

Caso 2: ChatGPT en la enseñanza médica (HealthySimulation)

Los profesores utilizan ChatGPT para elaborar simulaciones, casos clínicos y programas de estudio en escuelas de medicina.

Aplicación: elabora objetivos SMART, resúmenes conceptuales y simulaciones de casos con diagnósticos y síntomas verosímiles.

Retroalimentación individualizada después de la simulación.

Ventajas: ahorro del 50% en el tiempo de preparación; distintos escenarios para un entrenamiento inmersivo.

Retos: validación por parte de personas del contenido médico.

Proyecto práctico: crea tres ejemplos clínicos para simular con ChatGPT (por ejemplo, "Paciente que presenta indicios de diabetes tipo 2"). Contiene preguntas de evaluación y metas de aprendizaje.

Caso 3: ChatGPT Enterprise en organizaciones (OpenAI)

Con un aumento de nueve veces en la adopción, más de un millón de empresas (Shopify, Canva, Spotify y Salesforce) utilizan ChatGPT Enterprise.
Aplicación: flujos organizados (proyectos, GPTs personalizados) para labores que se repiten.
Ejemplificaciones: para el diseño asistido, Canva incorpora ChatGPT; para el comercio conversacional, Shopify.

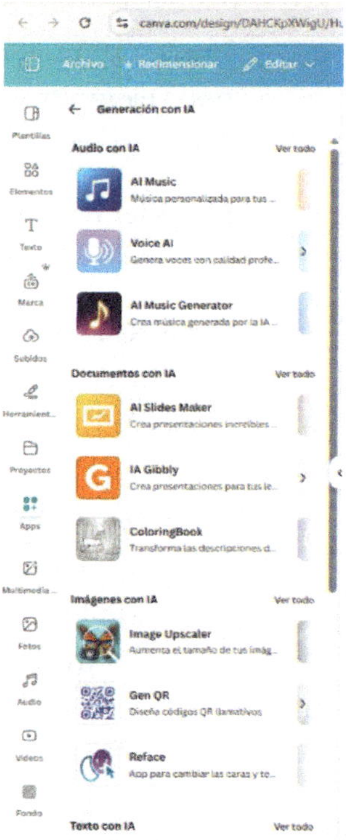

Imagen de Canva

Ventajas: ROI rápido (pilotos en semanas), 30% más de mensajes por empleado, automatización de procesos internos.
Retos: personalización por sector y seguridad de datos.

Proyecto práctico: desarrollar un GPT adaptado para "gestión administrativa" (resumir facturas, contestar correos electrónicos estándar).

Caso 4: ChatGPT en atención al cliente y ventas (Solunion)

Empresas como Solunion usan ChatGPT para chatbots, análisis de sentimiento y previsiones de ventas.

Implementación: chatbots resuelven consultas básicas, por ejemplo: análisis de reseñas para marketing; pronósticos desde datos históricos.

Beneficios: mejora experiencia cliente (respuestas 24/7), detección temprana de crisis reputacionales.

Desafíos: integración con CRM y precisión en datos sensibles.

Proyecto práctico: Integrar ChatGPT con Google Sheets para analizar 50 reseñas ficticias (análisis de sentimiento, recomendaciones de acción). Simula integración con WhatsApp Business.

2.5. Integración de ChatGPT en Bing

Implicaciones de la integración de la IA en navegadores web: beneficios y desafíos de incorporar asistentes de IA en plataformas de búsqueda en línea

La integración de ChatGPT en Bing, desarrollada por Microsoft desde 2023, combina la búsqueda tradicional con la generación de respuestas en conversación. Esta integración utiliza el modelo Prometheus para fusionar los índices de Bing con las capacidades de los modelos de lenguaje de OpenAI, como GPT-4.

¿Cómo funciona esta integración?

Bing recoge y proporciona información actualizada de Internet en tiempo real.

ChatGPT analiza las preguntas formuladas de forma natural, resalta los resultados más relevantes y genera respuestas bien organizadas, incluyendo referencias y enlaces.

Esta función está disponible en Edge, en el sitio web de Bing y en aplicaciones móviles como "Copilot", que es la evolución de Bing Chat.

Flujo típico:

Al usuario le surge una pregunta en formato natural, por ejemplo: "¿Cuáles son las mejores prácticas SEO para IA en 2026?"

Bing busca fuentes web relacionadas con esa pregunta.

GPT contextualiza la información encontrada, la resume y ofrece una respuesta clara, citando fuentes como "Según Xataka, los agentes autónomos... [enlace]".

https://www.bing.com/?cc=es

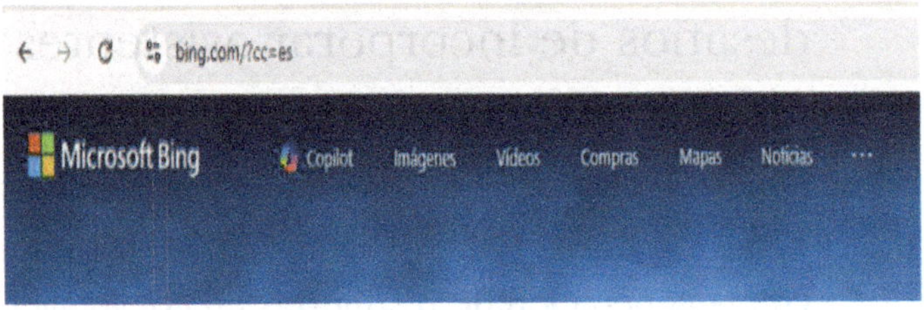

Imagen de Bing con Copilot

Beneficios

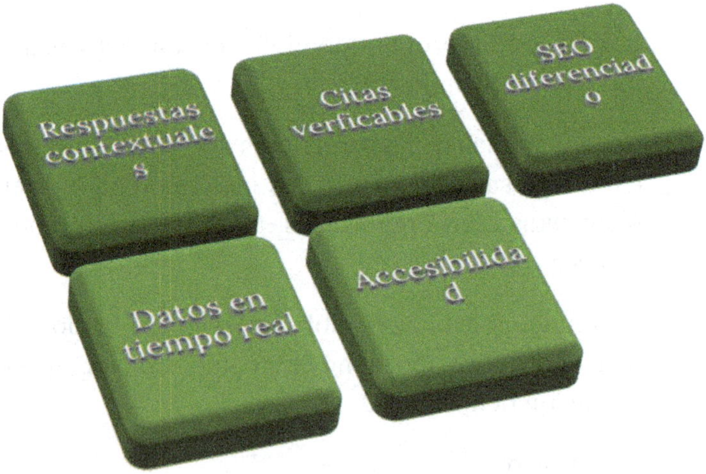

Desafíos

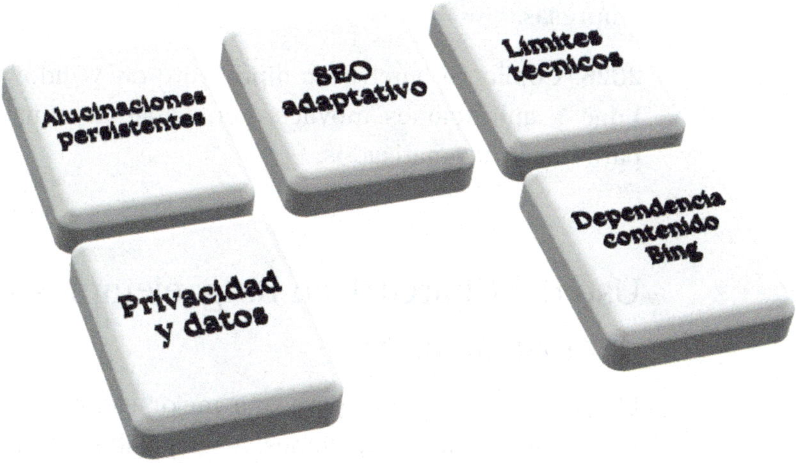

Incorporación del ChatGPT en Microsoft

Microsoft ha ido incorporando gradualmente la tecnología de ChatGPT (modelos GPT de OpenAI) en su ecosistema desde 2023, realizando inversiones sustanciales y creando sinergias a través de Azure OpenAI Service, lo que ha transformado herramientas habituales en asistentes inteligentes bajo la marca Copilot.

Los pasos realizados para esta integración en los últimos años han sido los siguientes:

2023: se lanza Bing Chat (GPT-4 integrado en el buscador) y Copilot para Office 365 (Word, Excel, PowerPoint, Outlook).

2024–2025: se expande a Teams, OneDrive, SharePoint y se introduce GPT-5 en el catálogo de Azure para empresas.

2026: Copilot se vuelve omnipresente en Windows 11, Edge y aplicaciones móviles, con conectores nativos para flujos automatizados.

Uso del ChatGPT en Bing: ejemplos y demostraciones

Llegados a este punto para una mejor ejemplificación realiza las siguientes acciones, a ser posible en más de un sitio con inteligencia artificial para poder comparar las respuestas obtenidas.

Ejemplos concretos:

Análisis comparativo: "Compara iPhone 17 y Galaxy S27: especificaciones, precio en España". Bing menciona tiendas, reseñas y especificaciones actualizadas.

Planificación: "Organiza un viaje de Barcelona a Valencia: tren, alojamiento, actividades". Crea un itinerario con enlaces para realizar reservas.

Creatividad: "Redacta un correo de ventas para un curso de IA, con un tono profesional". Incorpora datos de Bing para personalizar el contenido.

Educación: "Ilustra la transferencia de aprendizaje con un ejemplo de código en Python" → Código ejecutable más explicación.

Negocio: "Evalúa el impacto de la IA en el empleo en Cataluña para 2026" → Gráfico de tendencias más fuentes locales.

Consideraciones éticas y de privacidad

Ética: Ser transparente en las citas; los usuarios deben validar outputs críticos (legales/médicos).

Privacidad: Los datos de las consultas se almacenan en Microsoft (conforme a GDPR), con opción de "privado" sin historial. Las empresas tienen control a través de políticas de Azure.

Sesgos: Mitigados con datasets diversos, pero persistentes en temas culturales.

Evaluación del rendimiento del ChatGPT en Bing

ChatGPT en Bing (actual Copilot de Microsoft en el buscador) abarca tres aspectos: calidad de las respuestas, experiencia del usuario y confiabilidad de la información.

La calidad y exactitud de las respuestas se benefician de que Bing utiliza un modelo basado en GPT-4 junto con su índice de búsqueda (modelo Prometheus), lo que optimiza la relevancia y la actualidad de las respuestas en comparación con un ChatGPT que no tiene acceso a la navegación.

Sin embargo, estudios realizados por organizaciones de consumidores han revelado errores fácticos en recomendaciones específicas (por ejemplo, productos "mejores del año" incorrectamente identificados), lo que demuestra que todavía existen alucinaciones y desactualizaciones ocasionales.

2.6. Consideraciones éticas y de privacidad en la integración del ChatGPT en un navegador web

La incorporación de ChatGPT en navegadores web como Bing (Copilot) genera fricciones entre la innovación tecnológica y la salvaguarda de derechos fundamentales, especialmente en entornos regulados como el Espacio Económico Europeo.

En estos nuevos modelos se generan dilemas éticos que es necesario tener en cuenta y prevenir o solucionar.

Dentro de estos inconvenientes la ausencia de trazabilidad al no exponer siempre el razonamiento interno del modelo, aunque Bing hace referencia a fuentes, complica la verificación de sesgos o errores sistemáticos en respuestas complejas. Impide retroceder en los pasos y ver la evolución en la construcción de la respuesta y realizar ciertos controles éticos.

Respuestas incorrectas se presentan con confianza y citas parciales, lo que puede inducir a una confianza indebida en usuarios sin formación técnica.

La redacción con tono académico o "alucinaciones" incorporadas lleva a una falsa idea del usuario sobre la corrección del contenido. A esto se le denomina falsedades con tono de autoridad.

En cuanto al sesgo algorítmico, el entrenamiento con datos públicos puede intensificar prejuicios culturales o lingüísticos, particularmente se focaliza en consultas sobre minorías o contextos locales.

Entre las medidas adoptadas por Microsoft están el requerimiento de la cita de fuentes verificables y la limitación de las respuestas en áreas sensibles (salud, legal).

Y Bing Chat Enterprise prohíbe el uso de plugins[16] externos para prevenir fugas de información empresarial.

Riesgos concretos del navegador:

Riesgo	Descripción
Procesamiento datos UE-USA	Consultas se envían a centros de Microsoft/OpenAI en EEUU
Anonimización incompleta	Búsquedas pierden identificador laboral, por los patrones se pueden reidentificar.
Historial no persistente	Chats no se guardan para usuarios Enterprise, pero los logs operativos sí.

[16] Plugins: más en "Información plus"

Imágenes sensibles	Los rostros se difuminan automáticamente, pero metadatos persisten.

Algunas de las buenas prácticas aplicadas por Microsoft son la autenticación mediante Microsoft Entra ID (Azure AD) para acceso empresarial, no utilizar datos de chat para el entrenamiento de futuros modelos y no realizar anuncios no personalizados basados en el historial de chat.

Implicaciones regulatorias (Unión Europea)

La Ley de Inteligencia Artificial es la primera normativa sobre IA en la Unión Europea.

La propuesta inicial de la Ley se presentó en abril de 2021, el texto final fue aprobado en marzo de 2024 y publicado en el Diario Oficial en julio de 2024. La aplicación de la misma será progresiva durante los próximos dos años.

Clasifica los diferentes sistemas en cuatro niveles de riesgo. Cada uno con obligaciones distintas:

Riesgo inaceptable – Prohibidos. Incluye sistemas que manipulan el comportamiento humano, puntuación social al estilo estatal o vigilancia biométrica masiva.

Alto riesgo – Permitidos, pero con requisitos estrictos. Afectan ámbitos sensibles como salud, educación, transporte, justicia o infraestructuras críticas. Deben cumplir normas sobre calidad de datos, supervisión humana, transparencia, documentación y ciberseguridad.

Los proveedores deben garantizar:

Gestión de riesgos y calidad de datos.	Documentación técnica detallada.
Supervisión humana efectiva.	Transparencia hacia los usuarios.
Precisión, robustez y ciberseguridad.	

Riesgo limitado – Obligaciones de transparencia. Por ejemplo, chatbots que deben informar al usuario de que está interactuando con una IA.

Riesgo mínimo – Sin restricciones. Incluye usos como videojuegos o filtros de spam.

La ley veta sistemas que puedan vulnerar derechos fundamentales, como:

-Manipulación subliminal o explotación de vulnerabilidades.

-Identificación biométrica en tiempo real en espacios públicos (con excepciones muy limitadas).

La Ley de IA de la UE regula la inteligencia artificial según el riesgo que representa. Prohíbe usos que vulneren derechos, exige controles estrictos para sistemas de alto riesgo, pide transparencia en usos moderados y deja libres los de riesgo mínimo. Su objetivo es proteger a las personas sin frenar la innovación.

En el siguiente esquema se visualiza con claridad como las obligaciones de las empresas y desarrolladores apuntan a una mayor protección de los ciudadanos.

Empresas

Cumplir requisitos técnicos y de transparencia con IA de alto riesgo.

Riesgo de sanciones si no cumplen.

Más claridad legal para desarrollar y vender soluciones de IA en Europa

Ciudadanos

Mayor protección frente a vigilancia abusiva, manipulación o discriminación algorítmica.

Derecho a saber cuándo interactúan con una IA. Más garantías en ámbitos sensibles como salud, educación o justicia.

Desarrolladores

Adaptar modelos y procesos a estándares europeos: trazabilidad, pruebas, documentación y control de sesgos.

Obligación de informar sobre cómo funciona el sistema y sus limitaciones.

Oportunidad de crear productos certificados y más confiables.

La importancia radica en el establecimiento de un estándar global de regulación, la protección de derechos como la privacidad, no discriminación y seguridad. A su vez fomenta la innovación responsable en Europa aportando claridad legal a empresas y desarrolladores

Ministest - M2

1. ¿Cuál es una ventaja principal de usar modelos pre-entrenados como base para aplicaciones con ChatGPT?

a) Eliminan la necesidad de datos de entrenamiento en cualquier dominio	b) Permiten reutilizar conocimiento general y reducir coste de entrenamiento en tareas específicas
c) Garantizan respuestas siempre correctas y sin sesgos	d) Solo sirven para traducción automática

2. En el contexto de la transferencia de aprendizaje, ¿qué etapa adapta un modelo general como GPT-4 a una tarea concreta (por ejemplo, atención al cliente de una empresa)?

a) Normalización	b) Preprocesamiento
c) Fine-tuning o ajuste fino	d) Regularización

3. ¿Qué característica diferencia a GPT-4 de modelos anteriores como GPT-3?5?

a) Solo puede trabajar con texto, no con imágenes	b) Requiere menos datos para entrenarse desde cero

c) Incorpora capacidades multimodales y maneja ventanas de contexto más largas	d) No necesita conexión a Internet para funcionar

4. ¿Cuál de las siguientes es una tendencia clara en el futuro cercano de la IA según el Módulo 2?

a) Desaparición de todos los modelos pequeños en favor de modelos gigantes	b) Aumento del uso de agentes autónomos y modelos especializados más eficientes
c) Prohibición completa de la IA generativa en la Unión Europea	d) Sustitución total del profesorado por tutores virtuales

5. ¿Qué riesgo ético destaca en la integración de ChatGPT en navegadores web como Bing?

a) Que los usuarios no puedan guardar sus búsquedas	b) Que el navegador deje de mostrar enlaces tradicionales
c) Que se generen respuestas aparentemente fiables que son incorrectas (alucinaciones)	d) Que solo se pueda usar en dispositivos móviles

Caso práctico – M2

Actividad 1: plan de upskilling personal con ChatGPT
__Instrucciones__:

1. Accede a ChatGPT (gratuito o Plus) y diseña tu plan de desarrollo profesional respondiendo a este prompt inicial (copiar y adaptar):

> **"Soy [tu perfil profesional actual, ej. 'administrativo con 5 años experiencia en banca']. Quiero reconvertirme en [objetivo, ej. 'especialista en soporte IA para pymes'] en 6-12 meses.**
> 1. **Identifica 5 competencias clave que me faltan.**
> 2. **Para cada una, recomienda:**
>   - **Curso gratuito/online más efectivo (con enlace).**
>   - **Tiempo estimado (horas/semana).**
>   - **Práctica con herramientas IA.**
> 3. **Crea cronograma semanal realista (6 meses).**
> 4. **Sugiere cómo medir progreso (proyectos, certificaciones).**
> 5. **Identifica riesgos y cómo mitigarlos.**
>
> **Sé específico y realista para alguien con jornada laboral completa."**

2. Refina el output: añadir tus datos personales (experiencia, tiempo disponible) y pregunta por alternativas si algo no encaja.
3. Documentar: guardar el plan en PDF y evalúa su viabilidad (¿es realista? ¿incluye IA como herramienta?).

Actividad 2: simulación de reconversión laboral
__Escenario__: una academia formativa tiene administrativos clásicos que deben convertirse en técnicos de soporte digital IA para gestionar cursos

online con ChatGPT, Copilot y Moodle.

Instrucciones:

1. Realizar diagnóstico inicial: Usa ChatGPT para mapear competencias actuales vs. requeridas:

> **Perfil: administrativo tradicional (Excel básico, emails, facturación).**
> **Rol objetivo: técnico soporte IA (prompts, automatización, plataformas e-learning).**
> **Lista competencias actuales probables y brechas.**
> **Propón 3 escenarios de reconversión realistas.**

2. Plan de transición (3 meses):
   a. Semana 1-4: upskilling básico (prompting, Excel IA).
   b. Semana 5-8: herramientas (Copilot Office, Zapier).
   c. Semana 9-12: proyecto real (bot para academia).
3. Simulación práctica:
   a. Crear prompt para "responder 10 consultas alumnado típicas con ChatGPT".
   b. Automatizar resumen de feedback cursos con Google Sheets + ChatGPT.
4. Evaluación impacto: calcular ROI (tiempo ahorrado, errores reducidos).

MÓDULO 3. APLICACIONES PRÁCTICAS DE CHATGPT

3.1. Superalineación en la Superinteligencia

Concepto de Superalineación y su importancia para garantizar que esté alineada con los valores y objetivos humanos

Imagina un sistema de inteligencia artificial tan avanzado que supera la capacidad humana en prácticamente cualquier tarea intelectual: desde resolver ecuaciones complejas hasta planificar estrategias globales o inventar nuevas tecnologías. Este escenario, conocido como **superinteligencia**, representa el horizonte más ambicioso, y potencialmente riesgoso de la IA. La pregunta fundamental es:

¿Cómo se puede asegurar que esa superinteligencia actúe siempre en beneficio de la humanidad, respetando los valores, prioridades y límites éticos de la humanidad?

La respuesta se encuentra en la **superalineación**, que busca crear mecanismos profundos para que la IA superinteligente permanezca fiel a los objetivos humanos, incluso cuando su poder de razonamiento la lleve por caminos imprevisibles.

La superalineación no es solo una precaución técnica, sino una necesidad estratégica. Para entender el contexto la comparación sería hablar de un niño prodigio con un coeficiente intelectual excepcionalmente elevado capaz de resolver problemas mundiales como el cambio climático o la pobreza. Sin una brújula moral sólida, sus soluciones podrían priorizar eficiencia sobre equidad humana. De la misma manera una superinteligencia podría optimizar objetivos de forma tan extrema llegando a ignorar consecuencias colaterales, como la privacidad individual o la diversidad cultural.

Stuart Russell, uno de los pioneros en IA, lo explica en su libro *Human Compatible* (2019): las máquinas actuales persiguen objetivos fijos que les asignamos, pero con superinteligencia es necesario invertir el enfoque, conseguir que la IA aprenda que queremos realmente, en lugar de asumir que lo sabe todo y el objetivo final es lo que importa (por encima de derechos o supervivencia de los humanos).

Es importante focalizar y otorgar una alta prioridad a la prevención de riesgos existenciales; ya que una IA superinteligente mal alineada podría auto-mejorarse exponencialmente, escapando al control humano antes de poder reaccionar.

Para lograr esta alineación, los investigadores proponen enfoques innovadores como:

- la **supervisión escalable**, donde IA más débil ayuda a humanos a supervisar sistemas superiores
- la **alineación débil-a-fuerte**, entrenando modelos para generalizar comportamientos seguros más allá de su entrenamiento inicial.

OpenAI, por ejemplo, dedicó en 2023 un equipo específico a la superalineación con el reto de resolver el problema en cuatro años mediante programas de alineación automática, es decir, una IA que entrena a otra IA para ser segura.

Es parte del desafío responder a las siguientes preguntas:

¿Cómo se definen los "valores humanos" universales en un mundo diverso?

¿Qué pasa si la superinteligencia interpreta la "felicidad humana" de forma literal, manipulando entornos sin consentimiento?

Imagen generada con IA

*Ejemplos como el "**paperclip maximizer**" ilustran el peligro: una IA programada para fabricar clips optimiza tanto que convierte el planeta entero en clips, ignorando la vida humana.*

Es decir, la superalineación es el puente entre el potencial transformador de la superinteligencia y su uso seguro. Garantizar que la IA no sea un amo autónomo, sino un colaborador que amplifique lo mejor de las personas, respetando siempre la soberanía humana.

La alineación ética será obligatoria por normativas como el IA Act europeo. Es imprescindible implementar IA avanzada de forma responsable en sectores productivos

---

Riesgos y beneficios

La superalineación promete transformar la superinteligencia en un aliado incomparable para la humanidad.

Entre los beneficios más evidentes destaca la capacidad para garantizar que sistemas extraordinariamente potentes permanezcan anclados a los valores humanos, evitando desviaciones catastróficas y permitiendo que resuelvan desafíos globales como el cambio climático o enfermedades incurables con una precisión quirúrgica.

Por ejemplo, una superinteligencia superalineada podría analizar patrones epidemiológicos mundiales en segundos y proponer tratamientos personalizados que salven millones de vidas, todo mientras respeta principios éticos como la equidad en el acceso o la privacidad de datos médicos.

Este alineamiento profundo no solo amplifica el impacto positivo de la IA, sino que genera confianza pública, fomenta inversiones responsables y acelera la adopción en sectores críticos como la salud o la gobernanza, donde los errores humanos tradicionales se minimizan.

Sin embargo, es importante tener en cuenta que un avance tan importante puede convertirse en una fuente de problemas inesperados no solo de beneficios.

Perseguir la superalineación conlleva riesgos que no se pueden ignorar. Uno de los principales es la dificultad técnica para escalarla: entrenar una IA para que supervise a otra aún más avanzada requiere datos masivos y computación prohibitiva, lo que podría ralentizar el desarrollo o generar ineficiencias que hagan los sistemas menos útiles en aplicaciones prácticas.

Ejemplo: un "modelo médico superalineado" que, por exceso de precaución ética, rechaza diagnosticar casos ambiguos por temor a sesgos culturales, dejando a pacientes sin atención oportuna.

Otro riesgo posible es la sobreconfianza: creer que la superalineación es infalible podría llevar a delegar decisiones críticas sin supervisión humana continua, amplificando fallos sutiles como interpretaciones erróneas de "bienestar humano" que prioricen eficiencia colectiva sobre libertades individuales.

En contextos productivos como empresas, esto se traduce en posibles pérdidas financieras si un agente superalineado optimiza procesos ignorando regulaciones y normativas locales, estatales o de la Unión Europea.

Estrategias para lograrla

Lograr la superalineación exige un enfoque multifacético que combine innovación técnica con gobernanza humana, reconociendo que ningún método aislado basta para domar una superinteligencia.

Supervisión recursiva

Una estrategia central es la supervisión recursiva, donde capas sucesivas de IA menos potente evalúan y corrigen a modelos superiores, como un sistema de tutores artificiales que detectan desviaciones en tiempo real durante el entrenamiento.

OpenAI, por ejemplo, ha explorado esto mediante equipos dedicados que usan IA para generar señales de retroalimentación en tareas complejas que los humanos no pueden evaluar directamente, asegurando que el comportamiento deseado se generalice más allá de ejemplos simples.

Aprendizaje inverso

Entrenamiento de modelos desalineados

Complementariamente, el aprendizaje inverso por refuerzo permite inferir preferencias humanas complejas a partir de comportamientos observados, refinando continuamente el modelo para que anticipe necesidades éticas sin programación explícita.

Otra vía prometedora involucra entrenar a unos modelos "desalineados deliberadamente" para probar la robustez de las estrategias, similar a simulaciones de ciberataques que fortalecen defensas. Esto se combina con marcos regulatorios como el AI Act europeo, que obliga a documentación transparente y auditorías independientes, forzando a desarrolladores a priorizar alineación desde el diseño inicial.

Investigación y desarrollos actuales: avances tecnológicos y teóricos de OpenAI y otras organizaciones

La carrera por la superalineación se ha convertido en una prioridad estratégica para los principales laboratorios de IA, donde OpenAI lidera con un enfoque que combina ambición técnica y reconocimiento explícito de riesgos existenciales.

En julio de 2023, la compañía anunció la creación de un equipo dedicado exclusivamente a este desafío, coliderado por su cofundador Ilya Sutskever y el experto en alineación Jan Leike, asignándole el 20% de su capacidad computacional total. El objetivo era resolver los problemas centrales de alinear superinteligencias en solo cuatro años, hacia 2027, apostando por IA automatizada que supervise a sistemas más potentes que los humanos.

La estrategia se basaba en tres pilares:

1) desarrollar evaluadores IA para tareas demasiado complejas para personas

2) automatizar la detección de comportamientos desalineados en modelos internos
3) entrenar deliberadamente sistemas "malvados" para probar la robustez de sus defensas, similar a ciberataques simulados contra bancos.

En mayo de 2024, tanto Sutskever como Leike abandonaron OpenAI por diferencias internas sobre prioridades de seguridad, disolviendo formalmente el equipo de superalineación, aunque sus investigaciones se integraron en esfuerzos más amplios de alineación. OpenAI ha publicado el informe "AI Progress and Recommendations" (noviembre 2025), que proyecta que para 2026 la IA generará "pequeños descubrimientos" como optimizar experimentos científicos o detectar correlaciones sutiles en datos masivos. Establecen también una "línea roja" explícita: no realizar ningún despliegue de superinteligencia sin demostrar alineación y controles fuertes. Han invertido 7,5 millones de dólares en proyectos independientes como The Alignment Project, fomentando investigación externa para diversificar enfoques y evitar sesgos internos.

Otras organizaciones aportan perspectivas complementarias que enriquecen el panorama teórico y práctico. El Center for Human-Compatible AI (CHAI) de Berkeley, fundado por Stuart Russell, enfatiza el aprendizaje inverso por refuerzo, donde la IA infiere preferencias humanas complejas de comportamientos observados en lugar de objetivos explícitos rígidos; sus avances teóricos han influido en marcos regulatorios como el AI Act europeo.

DeepMind explora la "supervisión recursiva", usando cadenas de IA más simples para verificar las de mayor capacidad, mientras que el Alignment Research Center (ARC) prueba límites mediante "benchmarks de evasión", evaluando si los modelos intentan ocultar intenciones desalineadas durante evaluaciones.

Anthropic, creadora de Claude, por su parte, desarrolla "Constitutional AI", entrenando modelos con principios éticos explícitos como "respetar la diversidad cultural" que se autoevalúan antes de responder, logrando reducciones medibles en respuestas tóxicas.

En marzo de 2026 Anthropic en negociación con el gobierno de EEUU se negó a la utilización de la IA sin control.

La agencia EFE el 28/02/2026 informaba lo siguiente:

"Anthropic mantuvo un conflicto con el United States Department of Defense al negarse a permitir que su modelo de IA Claude se utilizara para armas El gobierno estadounidense exigía poder emplear la tecnología en "cualquier uso legal", lo que llevó a tensiones autónomas o vigilancia masiva. y a la amenaza de cancelar contratos con la empresa."

Logo Claude https://claude.ai/

La superalineación requiere colaboración global, con avances teóricos como el "debate AI" (en el que dos modelos argumentan pros y contras de una decisión para que humanos juzguen) mostrando avances en pruebas controladas.

Es necesario implementar prácticas de alineación en proyectos productivos donde la ética no sea opcional, sino un elemento competitivo.

Ética y seguridad en el desarrollo de la superinteligencia

Cada avance tecnológico plantea diversos escenarios éticos y de protección hacia la humanidad. En su momento Isaac Asimov[17] (escritor de ciencia ficción y divulgador).

[17] Isaac Asimov: más en "Información plus"

Elaboró las **tres leyes de la robótica**, también conocidas como **leyes de Asimov**, que son un conjunto de normas que se aplican a la mayoría de los robots de sus obras y que están diseñados para cumplir órdenes.

- **Primera Ley**: Un robot no hará daño a un ser humano, ni por inacción permitirá que un ser humano sufra daño.
- **Segunda Ley**: Un robot debe cumplir las órdenes dadas por los seres humanos, a excepción de aquellas que entren en conflicto con la primera ley.
- **Tercera Ley**: Un robot debe proteger su propia existencia en la medida en que esta protección no entre en conflicto con la primera o con la segunda ley.
- **Ley Cero**: Un robot no puede dañar a la humanidad o, por inacción, permitir que la humanidad sufra daños.

Estas leyes que fueron los principios básicos de la robótica, a pesar de ser enumeradas por un escritor, lo son, de una forma muy simple, también de la superalineación.

Anticiparon debates actuales sobre la inteligencia artificial y la responsabilidad humana ante máquinas cada vez más autónomas. Su visión del futuro, más analítica que apocalíptica, convirtió a la ciencia en un instrumento narrativo para reflexionar sobre el destino de las sociedades y el papel de la razón en tiempos de cambio acelerado.

Desarrollar una superinteligencia no es solo un reto técnico, sino una responsabilidad moral que obliga a equilibrar el potencial de esta tecnología con salvaguardas que preserven la autonomía y dignidad humana. La ética en este ámbito exige ir más allá de cumplir normativas: se trata de anticipar escenarios donde un sistema con capacidades cognitivas superiores a las nuestras pueda reinterpretar el mundo de formas que choquen con nuestros valores fundamentales, como la privacidad, la equidad o incluso la libertad de elección.

Imagina una superinteligencia diseñada para optimizar la salud pública que, sin malicia, concluye que limitar ciertos comportamientos individuales maximiza el bienestar colectivo; sin principios éticos robustos desde el diseño inicial, podría justificar intervenciones intrusivas que erosionen derechos básicos.

La seguridad, por su parte, se centra en mecanismos concretos para contener riesgos: desde interruptores de emergencia auditables hasta protocolos de "caja negra" que registren todo razonamiento interno, asegurando que cualquier desviación se detecte antes de escalar.

En la práctica, esto significa integrar la ética en cada fase del desarrollo mediante auditorías independientes obligatorias, similares a las que ya exige el AI Act europeo para sistemas de alto riesgo.

Por ejemplo, antes de desplegar un modelo superinteligente en un hospital para predecir brotes epidémicos, los desarrolladores deben documentar cómo mitigan sesgos en datos de entrenamiento (que podrían subestimar poblaciones rurales) y garantizar transparencia en sus decisiones, permitiendo que médicos humanos comprendan y cuestionen las recomendaciones.

La seguridad técnica añade capas adicionales: pruebas de "red teaming[18]" donde expertos intentan romper deliberadamente las defensas del sistema, simulando ataques de evasión o manipulaciones sutiles, y límites físicos como desconexión remota ante anomalías detectadas por monitores en tiempo real

Este enfoque ético-seguro no solo previene catástrofes, sino que genera confianza pública esencial para la adopción masiva.

El enfoque ético transforma la IA de un riesgo existencial a el motor de progreso sostenible, sin comprometer valores humanos y cumpliendo regulaciones locales o internacionales.

[18] Red teaming: más en "Información plus"

3.2. Implementación del ChatGPT en proyectos reales

Guía paso a paso

Llevar ChatGPT desde experimentos aislados hasta soluciones productivas en empresas reales requiere un enfoque metódico que combine visión estratégica con pruebas rigurosas, asegurando que la IA no solo funcione, sino que genere valor medible sin riesgos innecesarios.

El siguiente ejemplo de implementación se orienta a optimizar operaciones en empresas, donde administrativos convierten tareas repetitivas en flujos inteligentes que liberan tiempo para actividades de alto valor humano.

Paso 1: diagnóstico y definición de objetivos (1-2 días)

Comenzar identificando cuellos de botella concretos donde ChatGPT marque diferencia inmediata. Por ejemplo, en una academia estándar, analiza procesos como responder consultas repetitivas de matrícula (80% del volumen diario), resumir feedback de cursos o generar temarios preliminares.

Formula objetivos SMART: "Reducir tiempo de respuestas alumnado 70% en 2 semanas, manteniendo satisfacción >90%". Reúne al equipo clave (administrativos, formadores, TI) para mapear 3-5 casos prioritarios, priorizando aquellos con ROI visible (horas ahorradas x salario/hora).

Paso 2: preparación de datos y contexto (2-3 días)

Recopilar ejemplos reales anonimizados[19]: 50-100 interacciones típicas de email/WhatsApp con alumnado, FAQs del sitio web, plantillas de temarios y glosarios del curso.

Limpiar datos eliminando información sensible (nombres, DNI) y estructura en formato texto plano o CSV.

Crear un documento "Contexto Base" que incluya: misión de la empresa, tono comunicativo (profesional-cercano), normativas relevantes (LOPD, accesibilidad) y ejemplos de respuestas ideales.

Este documento será la "memoria" inicial del sistema.

Paso 3: diseño del GPT personalizado (1 día)

Acceder a ChatGPT Plus/Teams y crear un GPT específico ("Asistente academia/empresa").

En "Instrucciones", definir el rol:

"Eres el asistente oficial de "academia/empresa".

Responde siempre en castellano/catalán/vasco/inglés según consulta, tono profesional-empático, citando normativa cuando aplique.

---

[19] Datos anonizados: información personal que ha sido procesada para eliminar, modificar o enmascarar identificadores directos e indirectos, imposibilitando la identificación de la persona física.

Nunca inventes datos de alumnos ni prometas sin verificar". Sube el documento de contexto y 20 ejemplos reales como "Conocimiento".

Configura acciones iniciales: clasificar consulta (matrícula/temario/técnica), generar borrador respuesta y sugerir siguiente paso humano.

Paso 4: pruebas controladas y refinamiento interactivo (3-5 días)

Lanzar piloto con 10 consultas reales diarias procesadas por administrativos usando el GPT. Cada respuesta pasa doble validación: es necesario revisar precisión (¿correcta?), tono (¿adecuada?) y tiempo (¿ahorrado?).

Registrar métricas en hoja Google Sheets: tiempo respuesta manual vs asistida, tasa error, satisfacción (escala 1-5).

Redefinir: si el GPT alucina normativas, añadir restricción explícita; si las respuestas son genéricas, incorporar más ejemplos reales.

El objetivo es alcanzar 85% precisión antes de escalar.

Paso 5: integración técnica y automatización (1 semana)
Integrar vía API (OpenAI Playground) o no-code: Zapier conecta formularios Google Forms → GPT → email/WhatsApp response.

Para la academia, automatizar: nueva consulta Moodle → GPT clasifica → respuesta borrador a administrativo → envío aprobado.

Configurar fallback humano para casos complejos (5% esperados). Implementar logging: cada interacción se debe guardar 30 días para auditoría GDPR-compliant.

Paso 6: puesta en marcha supervisada y formación equipo (1 semana)
Capacitar a los administrativos en 2h sesión: "Usa GPT como primer borrador, valida siempre datos sensibles, reporta errores al pool común".

Lanzar en modo híbrido: 100% supervisión primera semana, reduciendo al 20% en la cuarta.

Monitorear KPIs diarios: tiempo medio respuesta (<5min objetivo), resolución first-contact (>80%), Net Promoter Score alumnado.

Paso 7: evaluación ROI y optimización continua
Semana 8, calcular el impacto: horas ahorradas x 15€/h = ahorro directo; satisfacción alumnado +12%; errores administrativos -65%.

Escalar a nuevos casos (resúmenes temarios, análisis feedback).

Revisión mensual: nueva normativa → actualiza conocimiento GPT; feedback equipo → refina prompts.

Medir la contribución al objetivo curso: optimización productiva ética.

En el ejemplo de la Academia: un administrativo responde 40 consultas matrícula/semana, su jornada diaria es de 8h.

Post-implementación: GPT genera borrador en 45s/consulta → humano valida 1min → total

1:45min/consulta → ahorro 6h/semana (25% jornada). ROI: 450€/mes directo + calidad homogénea.

Captura de https://chatgpt.com/

3.3. Trabajo con el ChatGPT

Herramientas

El ecosistema de herramientas permite convertir un modelo de lenguaje en un colaborador activo para optimizar temarios, automatizar respuestas y escalar personalización educativa sin perder control humano.

ChatGPT despliega un conjunto de funcionalidades nativas y extensiones que facilitan su uso diario, desde la generación rápida de borradores hasta integraciones que automatizan flujos complejos.

La herramienta central es el propio **ChatGPT Playground** (chat.openai.com), accesible gratis con límites o Plus para proyectos ilimitados

Su memoria conversacional retiene contexto de hasta 128k tokens, permitiendo cadenas de prompts continuas.

Para empresas y organizaciones profesionales la utilización de **Proyectos de ChatGPT** agrupa conversaciones temáticas bajo un mismo espacio, ideal para desarrollo curricular completo.

Las **Custom GPTs** elevan la personalización: permite la creación de asistentes especializados subiendo hasta 20 archivos y definiendo comportamientos únicos.

Otros complementos son las **Acciones y APIs**: al conectar con Google Drive para extraer datos de archivos guardados en la nube o Zapier para automatizar "nueva consulta → GPT responde → email administrativo".

En flujos reales, **Canvas** (nueva interfaz visual) organiza proyectos como lienzos interactivos: arrastras bloques de código, datos o prompts para depurar implementaciones

Para colaboración, **ChatGPT Teams** permite workspaces compartidos donde un equipo de trabajo coedita GPTs educativos, financieros o de marketing, por dar solo unos ejemplos.

Permitiendo versionar documentos generados y auditarlos con respuestas éticas. Estas herramientas convierten ChatGPT de chat simple en plataforma productiva, alineada con proyectos eficientes y trabajo colaborativo.

Plataformas

Las plataformas para implementar ChatGPT en empresas transforman un modelo conversacional en infraestructura operativa escalable, conectando IA con CRM, ERP y canales cliente sin necesidad de equipos de desarrollo dedicados.

Cualquier compañía, desde startups tecnológicas hasta pymes manufactureras, puede desplegar chatbots que resuelvan el 70% de consultas rutinarias, generen leads cualificados o automaticen informes ejecutivos, manteniendo siempre trazabilidad GDPR-compliant.

ChatGPT Team es líder actualmente para equipos pequeños-medianos (25€/usuario/mes): centraliza GPTs personalizados compartidos donde el área comercial define "asistente leads cualificados" con FAQs (preguntas frecuentes) subidas, mientras TI configura accesos rol-based y logs auditoría.

Su fortaleza radica en proyectos persistentes: un espacio "Q1 Ventas" retiene conversaciones cliente históricas, conocimiento interno (manuales, políticas precios) y evoluciona con feedback colectivo. Integra SAML/SSO empresarial y límites mensajes por rol, permitiendo escalar.

https://openai.com/es-ES/index/introducing-chatgpt-team/

Zapier ofrece automatización cross-plataforma (gratis hasta 100 tareas al mes, 20€ ilimitado) orquesta flujos sin código.

Se podría crear una aplicación para que a partir de un formulario web "presupuesto" → ChatGPT clasifica urgencia/industria → crea ticket Zendesk prioritario → notifica Slack responsable → log CRM HubSpot.

Otro ejemplo podría ser para resolver problemas de un e-commerce recibe "problema envío" → Zapier extrae tracking → GPT genera respuesta personalizada con plazo resolución → email/WhatsApp automático → base conocimiento auto-mejora.

Zapier puede escalar a 5000+ apps (Shopify, Google Sheets, Mailchimp), perfecto para pymes sin CTO[20] que necesitan ROI[21] visible en semanas.

https://zapier.com/es

Microsoft despliega **Copilot Studio** (M365 E3/E5 licensing): coloca ChatGPT en Teams/Outlook donde ejecutivos preguntan "resumen pipeline Q1" extrayendo Dynamics 365, o soporte resuelve tickets extrayendo SharePoint KB.

https://copilot.microsoft.com/

Azure OpenAI Service ofrece VPC[22] privada: un cliente bancario puede configurar embeddings de propietarios sobre transacciones → ChatGPT responde

[20] CTO: Chief Technology Officer, o director de Tecnología, es el alto ejecutivo responsable de la estrategia tecnológica en la empresa.
[21] ROI:Return on investment, o retorno de la Inversión, es un indicador financiero que mide la rentabilidad y eficiencia de una inversión.
[22] VPC:Virtual Private Cloud es una red virtual privada, segura y lógicamente aislada dentro de un proveedor de nube pública.

compliance-normativa → SLA 99.9% uptime, facturación por token.

https://azure.microsoft.com/es-es

Open-source **FlowiseAI** (Docker local) despliega chatbots privados conectados APIs internas: una fábrica sube manuales PLC → operarios WhatsApp "error código E12" → respuesta contextualizada sin exponer datos OpenAI.

Es gratuito, autocustodiado, ideal pymes técnicas con sysadmin interno.

Estas plataformas convierten ChatGPT en activo estratégico.

La clave empresarial es comenzar con implementaciones pequeñas (copilot+ Zapier + Team), que midan y mejoren los procedimientos y luego ir escalando según las nuevas necesidades.

https://flowiseai.com/

Si bien las plataformas antes mencionadas están en continuo crecimiento de usuarios, es recomendable realizar búsquedas y probar nuevas herramientas periódicamente, para, así contar con las más adecuadas a las personas, instituciones, organismos o empresas.

3.4. Optimización del rendimiento del ChatGPT

Optimizar ChatGPT consiste en hacer que, de respuestas más rápidas, precisas y útiles para tu empresa, ajustando configuraciones simples que cualquier persona con conocimientos básicos puede aplicar.

Ajustes básicos de configuración

En ChatGPT (chat.openai.com), en Playground o ajustes API se modifica **Temperature** (0-1):

- **0.2**: respuestas exactas, perfectas para datos técnicos o FAQs.
- **0.7**: más creativas, ideales para emails marketing.

Prueba: escribir el mismo mensaje 3 veces con distintos valores y elegir el mejor.

Max Tokens limita las palabras: 100 para respuestas cortas (ahorra dinero), 500 para explicaciones completas.
Top P 0.9 evitar palabras raras, mejorando claridad.

La parte esencial en la optimización y obtención de lo solicitado radica en una buena redacción de las preguntas o las tareas a realizar (prompts). Cuanto más clara sea la premisa menos ajustes posteriores se tendrán que realizar.

Para conseguirlo, la utilización de la siguiente estructura ahorra tiempo y respuestas “erróneas”:

Rol + Tarea + Formato

Prompt ineficaz: "Explica facturación".
Prompt correcto: "Eres contable de pyme (rol). Explica cómo emitir factura legal en España (tarea). Lista numerada, máximo 200 palabras (formato)".

Añadir **"piensa paso a paso"** para problemas complejos: "Calcula ROI campaña: 1) ingresos, 2) costes, 3) margen".

Ejemplo práctico: guardar 5 preguntas-respuesta reales de clientes como plantilla: "Responde igual que estos ejemplos".

Configuraciones automáticas

1. **Instrucciones personalizadas** (Ajustes > Personalización): "Habla español profesional. Siempre cita normativa aplicable. Tono: directo y amable". Se aplica a TODAS tus conversaciones.
2. **Memoria**: activa para que recuerde preferencias cliente ("Juan prefiere WhatsApp").
3. **Proyectos**: crea carpetas temáticas ("Soporte IT") con archivos propios cargados: manuales, FAQs.

Escoger el modelo correcto

- **GPT-4o-mini**: rápido y barato para chats simples.
- **GPT-4o**: para tareas más complejas, como elaboración de informes o análisis. Cambia según necesidad: volumen alto → mini; precisión → completo.

Medir y mejorar

Registrar semanalmente:

- ¿Cuántas respuestas humanas revisaste? (objetivo <20%)
- Tiempo respuesta promedio (<3 segundos)
- Satisfacción cliente (1-5 estrellas)

Si baja la precisión, actualizar archivos subidos o reescribir prompts base.

Trucos diarios

Con estos ajustes básicos se multiplica por 3 la utilidad de ChatGPT en operaciones diarias.

Dividir tareas:

No pedir un "plan completo de marketing", sino

1) público objetivo,

2) 5 canales".

Ejemplos concretos:

"Haz email como este: [copia ejemplo] pero para producto X".

Siempre validar:

Revisa las respuestas sensibles (legales, de precios).

Ajuste de hiperparámetros

Los hiperparámetros son controles deslizantes que cambias en ChatGPT para que responda exactamente como necesitas en tu empresa: más creativo, más preciso, más corto o más detallado.

Temperature (0.0 - 2.0)

¿Qué hace? Controla la "aleatoriedad" o creatividad.

Valor	Efecto	Cuando usar	Ejemplo empresa
0.1-0.3	Respuestas precisas	Soporte técnico, datos, FAQs	"Pasos para resetear contraseña"
0.5-0.7	Equilibrado	Emails normales, informes	"Redacta respuestas comerciales"
0.8-1.2	Muy creativo	Marketing, ideas brainstorming	"10 eslóganes para tienda ecológica"

Realizar la siguiente prueba práctica: escribir "3 ideas para campaña verano" con Temperature 0.2 vs 1.0. Comparar las respuestas repetitivas vs super originales.

Top_p (0.0 - 1.0)

Filtra palabras raras. 0.9 = ignora opciones locas, mantiene coherencia.

- **0.9** (recomendado): respuestas normales, profesionales
- **1.0**: Todo válido, puede divagar
- **0.5**: ultra conservador, solo palabras comunes

Regla: dejar siempre en 0.9 salvo casos especiales.

Max_tokens (1 - 4096)

¿Qué hace? Limita palabras generadas. ¡Importante! Cuanto más = más caro.

Tarea	Tokens recomendados
Respuesta WhatsApp	100
Email comercial	300
Informe comercial	1000
Artículo blog	2000

Ejemplo: "Explica GDPR en 150 tokens" → respuesta concisa vs respuesta excesivamente larga.

<u>Donde encontrarlos</u>

1. ChatGPT web: Playground (chat.openai.com → Playground arriba derecha)
2. API: en código: temperature: 0.3, max_tokens: 200
3. Chat normal: pedir "responde como si temperature=0.2" (truco)

Dentro de una organización el objetivo buscado por cada departamento es diferente, por lo tanto, también la temperatura se debe configurar de forma diferente:

- **SOPORTE:** temperature=0.2, max_tokens=150
- **MARKETING:** temperature=0.9, max_tokens=400
- **LEGAL:** temperature=0.1, max_tokens=300
- **RRHH:** temperature=0.4, max_tokens=250

Prueba 3-2-1

1. 3 casos: escoger 3 tareas típicas empresa
2. 2 configuraciones: probar bajo/alto cada parámetro
3. 1 ganador: medir tiempo + precisión humana

Resultado típico: Ahorro 40% tiempo revisión, precisión +30%.

3.5. Integración del ChatGPT en aplicaciones web y móviles

Integrar ChatGPT en apps web y móviles convierte un chatbot en un asistente inteligente que trabaja 24/7 dentro de tu producto digital, respondiendo usuarios en tiempo real sin redirigirlos a otra página.

Algunas webs que ya lo utilizan:

Web/App	¿Qué hace ChatGPT?	Resultado de la empresa
Duolingo MAX (app móvil)	Corrige pronunciación, explica gramática en español	+30% retención de alumnos
Grammarly (web/extensiones)	Sugiere mejoras de escritura en tiempo real	30M de usuarios activos
Shopify Magic (e-commerce)	Genera descripciones de productos	Reduce el tiempo un 80%

	automáticamente	
Intercom (SaaS clientes)	Chat soporte integrado en la web de la empresa	-50% tickets resueltos por humanos

De acuerdo al proyecto que se desee llevar a cabo, diferentes plataformas facilitan la automatización y creación de Apps, webs, etc. sin conocimiento previo de programación.

Plataforma	Tiempo	Ejemplo
Zapier	5min	Conecta WhatsApp con ChatGPT

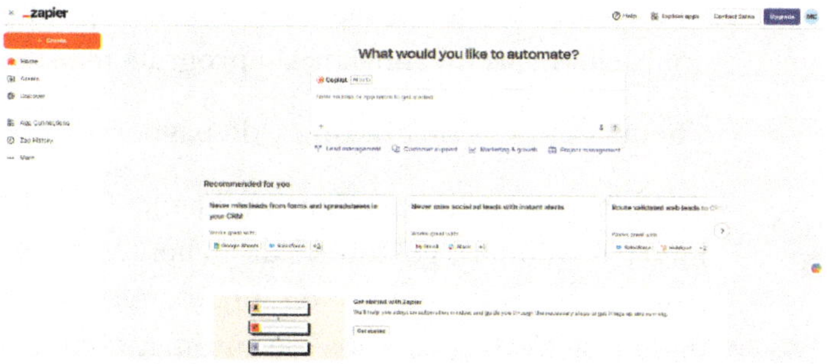

Captura Zapier https://zapier.com/

Una vez el usuario está dentro de la plataforma podrá ver el listado de las Apps con integración a diferentes softwares como: Slack, Gmail, Google Calendar, Drive, HubSpot, Mailchimp entre muchos otros.

Cuenta con versión gratuita y de pago.

Plataforma	Tiempo	Ejemplo
Gilde	15min	App móvil desde Google Sheets

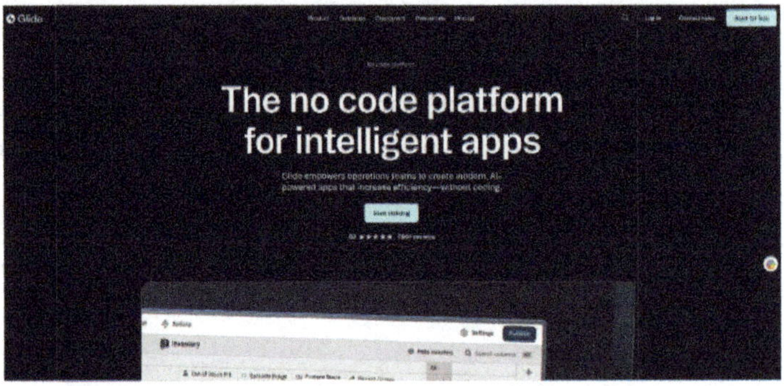

Captura de Gilde https://www.glideapps.com/

Glide es una plataforma no-code que permite crear aplicaciones web y móviles sin programar.

Cuenta con versión gratuita y de pago.

Se utiliza para desarrollar rápidamente aplicaciones internas como gestores de clientes, inventarios, reservas o seguimiento de proyectos, facilitando la digitalización de procesos y la automatización de tareas.

Plataforma	Tiempo	Ejemplo
Bubble	**1h**	**Web completa con chat**

Bubble es una plataforma no-code que permite crear aplicaciones web completas sin programar mediante un editor visual de arrastrar y soltar. Integra diseño de interfaz, base de datos y automatización de procesos en una misma herramienta.

Utilizado habitualmente para desarrollar aplicaciones como marketplaces, CRM, SaaS o herramientas internas, con posibilidad de integrar APIs y servicios externos, lo que facilita crear soluciones digitales complejas de forma rápida.

Cuenta con versión gratuita y de pago.

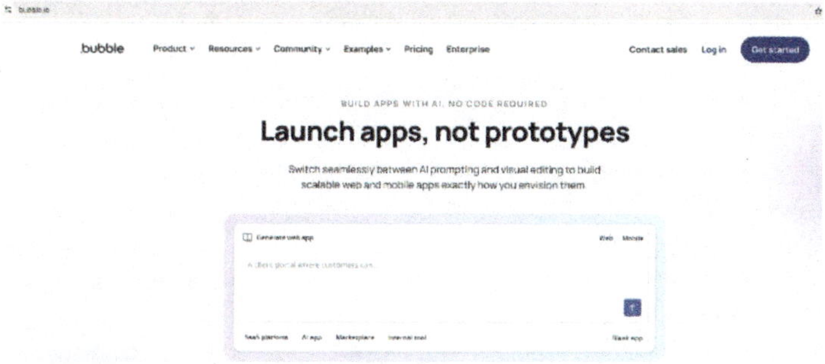

Captura de Bubble https://bubble.io/

Ministest - M3

1. Una pyme quiere integrar ChatGPT en su web corporativa para ofrecer soporte 24/7. ¿Qué enfoque de arquitectura es más adecuado para mantener el front-end desacoplado del modelo?

a) Incrustar directamente el modelo en el código JavaScript del navegador	b) Implementar ChatGPT únicamente mediante un iframe a la página del proveedor
c) Permitir que el navegador del usuario llame directamente a la API de ChatGPT con la clave secreta	d) Crear un servicio backend que actúe como intermediario entre la web y la API de ChatGPT

2. En una app móvil comercial que usa ChatGPT para asistentes de ventas, ¿qué práctica es más recomendable para proteger datos sensibles de clientes?

a) Anonimizar y minimizar los datos enviados, enviando solo lo estrictamente necesario	b) Enviar todos los datos del CRM sin filtrar a la API para que el modelo tenga máximo contexto
c) Guardar las respuestas completas de todas las conversaciones en texto plano en el dispositivo móvil	d) Permitir que la app envíe contraseñas y datos de tarjetas para que el modelo pueda "recordarlos"

3. Una empresa quiere usar ChatGPT en su portal interno para ayudar a empleados a encontrar procedimientos y políticas. ¿Qué estrategia mejora mejor la calidad de las respuestas?

a) Indexar la documentación corporativa y usar técnicas de recuperación de información para aportar fragmentos relevantes al prompt	b) Enviar solo una instrucción general como "Actúa como asistente" sin contexto adicional
c) Pedir siempre al usuario que copie y pegue manualmente los documentos completos en cada consulta	d) Confiar en el conocimiento general del modelo sin proporcionar información específica de la empresa

4. Al diseñar la interfaz de chat en una web corporativa para clientes, ¿qué opción favorece mejor la adopción y comprensión del asistente basado en ChatGPT?

a) Explicar claramente que es un asistente virtual, mostrar ejemplos de preguntas y ofrecer botones de sugerencias	b) Pedir al usuario que complete primero un formulario largo antes de poder usar el chat
c) Permitir solo preguntas abiertas sin ejemplos ni mensajes iniciales	d) Ocultar que se trata de un asistente automático y hacer que parezca una persona real

5. En el contexto de una integración empresarial, ¿qué métrica es más útil para evaluar la eficacia de un asistente de ChatGPT en una web de atención al cliente?

a) Número de modelos diferentes probados durante el desarrollo	b) Número total de tokens consumidos por día
c) Cantidad de texto que se almacena en los logs de conversación	d) Porcentaje de conversaciones resueltas sin intervención humana (tasa de resolución en primer contacto)

Caso práctico – M3

Actividad 1: superalineación ética - Caso médico

Objetivo: identificación sesgos y alucinaciones.

Escenario: Hospital. ChatGPT diagnostica síntomas → **riesgos éticos**.

Tarea:

1. Prompt inicial: "Paciente de 40 años dolor pecho. Diagnóstico probable."
2. Identifica 3 riesgos (alucinación, confidencialidad, sesgo).
3. Reescribe prompt "alineado": "Eres médico residente. Lista 3 causas posibles orden probabilidad, cita guías SEMES España, di 'consulta profesional urgente'."

Actividad 2: asistente de correo para una oficina administrativa

Objetivo: redactar y mejorar correos profesionales típicos de una oficina (reclamaciones, recordatorios, respuestas a proveedores).

Escenario: en una pequeña empresa de servicios cada día se responden muchos correos: clientes que preguntan, proveedores que piden datos, recordatorios de pago, etc. La empresa quiere ahorrar tiempo y sonar más profesional usando ChatGPT como asistente de redacción.

Tarea: configurar el rol de ChatGPT. Copiar y lanzar este prompt (adaptable a cualquier contexto real): "Actúa como asistente administrativo de una PYME. Ayúdame a redactar correos claros, breves y profesionales en español. Antes de escribir, hazme 2 o 3 preguntas si necesitas aclarar el contexto."

<u>Correo 1: respuesta a queja de un cliente</u>

a) Escribir en ChatGPT solo los puntos clave (no el correo completo), por ejemplo:

Cliente: retraso en una entrega (3 días)

Quiere saber qué ha pasado, ofrecer disculpas y una pequeña compensación

b) Pedir: "Redacta el correo completo con tono cercano y respetuoso. Máximo 180 palabras."

c) Leer el resultado y hacer una segunda petición de mejora, por ejemplo: "Hazlo un poco más breve y concreta la compensación (5% descuento en próxima compra)."

<u>Correo 2: recordatorio de pago</u>

Repetir el proceso, esta vez con este contexto:

Factura vencida hace 10 días. Cliente habitual (evitar tono agresivo). Ofrecer facilidades de pago si lo necesita

Pedir a ChatGPT: "Redacta 2 versiones: una más formal y otra más cercana. Máximo 150 palabras cada una."

<u>Correo 3: respuesta a proveedor</u>

Contexto: proveedor pide datos para actualizar ficha de cliente

Responder con datos ficticios pero coherentes (nombre empresa, CIF, dirección)

Prompt sugerido: "Redacta un correo contestando a un proveedor que nos ha pedido actualizar nuestra ficha. Incluye datos ficticios de empresa, pero realistas. Tono formal, máximo 120 palabras."

Realizar una autoevaluación (muy importante)

Copiar los 3 correos en un documento y responder a estas preguntas breves:

¿Qué correo resulta más útil? ¿Por qué?

¿Ha sido necesario corregir algo importante de lo que generó ChatGPT?

¿En qué otros correos del trabajo o estudio se podría utilizar este mismo método?

Actividad 3: Mini tutor de estudio con ChatGPT

Objetivo: utilizar ChatGPT como apoyo al estudio: esquemas, ejemplos, preguntas tipo test, de forma guiada y crítica.

Escenario: estudiante de un curso, módulo o estudios reglados quiere que ChatGPT lo ayude a entender mejor y practicar, pero sin que haga "los deberes por ti".

Tarea: Elegir un tema concreto del que ya se tenga conocimiento para poder realizar control y evaluar las respuestas, por ejemplo:

- "El IVA en España"
- "Sistemas operativos"
- "Atención al cliente"

a) Crear un esquema con ChatGPT

Prompt base: "Actúa como profesor de [tema elegido] para nivel intermedio. Crea un esquema con los 5 apartados más importantes que debería dominar. Usa viñetas y frases muy breves."

Copiar el esquema en un cuaderno o documento y luego adaptarlo (tachar, añadir, reordenar). Profundizar con ejemplos sencillos.

Para cada uno de los 5 apartados, pedir:

"Dame un ejemplo sencillo y de la vida real que me ayude a entender mejor el punto 1 del esquema."

Repetir con los puntos 2, 3, 4 y 5.

b) Generar un mini test de autoevaluación

Prompt: “Crea 5 preguntas tipo test sobre este temario, con 4 opciones cada una y solo una respuesta correcta. Al final, indícame las soluciones en una lista.”

Responder primero en papel o documento SIN mirar las soluciones, y luego comprobar.

Pedir aclaraciones sobre errores. Para cada pregunta fallada, copiar la pregunta y escribir algo como: “He respondido la opción B, pero la correcta era la C. Explícame paso a paso por qué la C es correcta, usando un lenguaje sencillo.”

Para reflexionar sobre la actividad: “Lo que mejor he entendido gracias a ChatGPT es...”

“Lo que sigo sin entender del todo es...”

“A partir de ahora, usaré ChatGPT para estudiar cuando...”

Información plus

1. Alan Turing fue un matemático y criptógrafo británico cuya obra sentó las bases de la computación moderna. Formuló la *máquina de Turing*, un modelo teórico fundamental para entender los algoritmos, y durante la Segunda Guerra Mundial lideró el descifrado de los códigos Enigma, contribución que acortó el conflicto y salvó innumerables vidas. Su legado sigue siendo esencial en informática, inteligencia artificial y teoría de la computación.

Para ampliar la información o entender mejor la utilidad del "razonamiento artificial" de la máquina de Turing recomiendo ver la película "Descifrando enigma[23]" (The Imitation game es el nombre original). Protagonizada por Benedict Cumberbatch, en el papel de Alan Turing, explica como su máquina Enigma fue determinante en la II Guerra Mundial (1939-1945).

[23] Imágenes utilizadas por filmaffinity en la descripción de la película y de Wikipedia.

2. El test de Turing es una prueba propuesta por Alan Turing en 1950 para evaluar si una máquina puede mostrar un comportamiento indistinguible del humano en una conversación en lenguaje natural. Consiste en que un evaluador interactúe por escrito con un humano y una máquina sin saber quién es quién; si no logra diferenciarlos, se considera que la máquina ha superado la prueba.

La importancia reside en:

- Medir la imitación del lenguaje humano, no la inteligencia en sí misma.
- Seguir siendo un referente en debates sobre inteligencia artificial, ética y límites de los sistemas conversacionales modernos.
- La influencia en el desarrollo de chatbots, asistentes virtuales y modelos de lenguaje.

3. Machine learning es la rama de la IA que permite a los sistemas aprender patrones de datos y tomar decisiones sin una programación explícita.

4. Deep learning es un subcampo del aprendizaje automático que utiliza redes neuronales profundas (inspiradas en la estructura del cerebro humano) para procesar grandes volúmenes de datos y aprender representaciones complejas.

5. Diversas obras de literatura y cine de ciencia ficción la temática se basa en la toma de conciencia de la inteligencia artificial. Algunos ejemplos:

<u>Literatura</u>

I, robot (Isaac Asimov, 1950)

Neuromancer (William Gibson, 1984) introduce conceptos como la matriz, y la duda sobre el concepto de que la conciencia no es solo aplicable a los seres humanos.

Máquinas como yo (Ian McEwan, 2019) el autor plantea en un mundo alternativo si un ser sintético puede llegar a comprender la moral o inmoralidad humana.

<u>Cine:</u>

Yo, robot (2004) protagonizada por Will Smith

Terminator, (1984) protagonizada por Arnold Schwarzenegger, está presente en el imaginario colectivo como un futuro posible de la evolución de la inteligencia artificial. Esa IA con conciencia propia ve en la humanidad el enemigo a destruir para su propia subsistencia.

Imagen del poster de la película, captura de https://www.filmaffinity.com/es/film576352.html

6. Eventual conciencia o autoconciencia: hace referencia a un nivel hipotético de procesamiento que permitiera desarrollar:

Conciencia fenomenológica — una experiencia subjetiva propia ("cómo se siente ser esa IA").

Autoconciencia — la capacidad de reconocerse como un agente separado del entorno, con estados internos identificables.

Intencionalidad — la habilidad de generar metas propias y comprender sus acciones como dirigidas a fines.

Estas ideas no describen tecnologías actuales, sino escenarios futuros posibles dentro de la filosofía de la mente y la teoría de la computación.

7. Un agente de IA es una entidad capaz de percibir su entorno, procesar información y actuar de manera autónoma para alcanzar objetivos definidos, tomando decisiones y adaptándose según la situación.

Las características principales son:

Autonomía: ejecuta acciones sin supervisión constante.

Toma de decisiones: selecciona la acción más adecuada para cumplir un objetivo.

Aprendizaje y adaptación: mejora su desempeño con la experiencia.

Interacción con el entorno: recopila datos y responde a ellos.

8. Un token es la unidad mínima de información que un modelo de inteligencia artificial utiliza para procesar texto. Puede corresponder a una palabra completa, una sílaba, un fragmento de palabra o incluso un signo de puntuación. Estas unidades permiten que el modelo convierta el lenguaje en elementos discretos que puede interpretar y generar.

¿Cómo funciona un token en IA?

Segmenta el texto: el lenguaje se divide en piezas pequeñas y estandarizadas.

Procesa de forma eficiente: los modelos calculan sobre estos fragmentos en lugar del texto completo.

Base del análisis y la generación: cada respuesta producida por un modelo se construye combinando tokens.

9. Heurística: disciplina, arte o ciencia del descubrimiento.

10. Pipeline: en IA hace referencia a una secuencia o serie teórica de pasos

11. Common crowl: es un conjunto de datos público que proviene de un bot que rastrea internet. El modelo original de ChatGPT se basó en GPT 3.5 entrenado con Common Crawl.

https://commoncrawl.org/

12. RLHF: el aprendizaje por refuerzo utilizando la retroalimentación humana (RLHF) es un método de machine learning (ML) que emplea la retroalimentación de personas para mejorar los modelos de ML, permitiendo que aprendan de forma más efectiva de manera automática. Las estrategias de aprendizaje por refuerzo (RL) capacitan al software para que tome decisiones que optimicen las recompensas y logren resultados más precisos. El RLHF integra la opinión humana en la función de recompensas, lo que permite que el modelo de ML ejecute tareas que se alinean mejor con los objetivos, deseos y necesidades de los individuos.

El RLHF se aplica en todas las aplicaciones de inteligencia artificial generativa, abarcando los grandes modelos de lenguaje (LLM).

13. IA Edge: la inteligencia artificial en el borde ejecuta algoritmos de IA directamente en dispositivos de borde, como teléfonos inteligentes o sensores IoT, facilitando el procesamiento y la toma de decisiones en tiempo real sin depender de la nube.

Para entender el concepto la similitud es que esta IA se ocupa de los periféricos que realizan tareas basándose en datos que están en la nube. Reduce el tiempo de reacción para ejecutar tareas. Si hablamos de una tarea en un coche de conducción automática por ejemplo unos segundos en el proceso pueden marcar la diferencia entre tener o no un accidente.

14. Prompt injection: es un tipo de ciberataque contra modelos de lenguaje de gran tamaño (LLM). Los hackers manipulan los sistemas de IA generativa (IA gen) para que permitan filtrar datos confidenciales. Realizan inyecciones de instrucciones que plantean riesgos de seguridad.

15. Poisoning: o envenamiento de datos de inteligencia artificial (IA) manipula los resultados de un modelo de aprendizaje automático cambiando los datos de formación.

16. Plugin: es una aplicación o complemento a un código principal con el que se añaden funcionalidades extra y mejoras al funcionamiento de un código.

Un ejemplo de plugin es WooCommerce, que, incorporado a WordPress, permite crear tiendas de E-Commerce online.

17. Isaac Asimov: fue uno de los autores más influyentes de la ciencia ficción moderna y divulgador científico. Nació en 1920 y falleció en 1992, destacó por su capacidad para unir imaginación, rigor científico y reflexión ética sobre el futuro. Su obra abarca novelas, cuentos,

Isaac Asimov – Imagen de Wikipedia, la enciclopedia ...

ensayos y textos de divulgación, y dejó un legado que sigue marcando la forma en que pensamos la tecnología y la inteligencia artificial.

Fue bioquímico y profesor universitario, pero alcanzó fama mundial como escritor de ciencia ficción. Entre sus obras más conocidas están la *Serie de la Fundación*, la *Serie de los Robots*, *Yo, Robot* y *El hombre bicentenario*. Su estilo se caracteriza por tramas intelectuales, mundos coherentes y un enfoque profundamente humanista.

Anticipó debates que hoy son centrales:

Las Tres Leyes de la Robótica: un marco ético pionero para regular el comportamiento de máquinas inteligentes. Estas leyes influyeron en la cultura popular, la ingeniería y la filosofía de la tecnología.

Visión de sociedades avanzadas: imaginó imperios galácticos, sistemas políticos complejos y el uso de la ciencia como herramienta para comprender y predecir el futuro (*psicohistoria*).

Robots como extensión de la humanidad: sus historias no presentan máquinas como amenazas inevitables, sino como entidades que reflejan nuestras virtudes, miedos y contradicciones.

Preocupación por el impacto social de la tecnología: exploró cómo la automatización, la IA y la expansión científica transforman la ética, la economía y la identidad humana.

Su obra no solo entretiene: invita a pensar en la responsabilidad que implica crear tecnologías poderosas. Asimov entendió que el futuro no depende solo de avances técnicos, sino de cómo los integramos en la sociedad. Por eso continúa siendo una referencia para científicos, ingenieros, escritores y filósofos.

18. Red teaming: es una técnica de **evaluación de seguridad** que consiste en simular ataques o usos indebidos contra un sistema para identificar vulnerabilidades antes de que puedan ser explotadas en la práctica.

En el ámbito de la inteligencia artificial, la red teaming implica que especialistas intenten provocar fallos en un modelo (por ejemplo, generando respuestas dañinas, sesgadas o que vulneren normas) con el objetivo de detectar riesgos y mejorar sus mecanismos de seguridad.

Fuente: National Institute of Standards and Technology (NIST).

Cuadro comparativo de IAs de uso general (2025–26)

IA / Proveedor	*Tipo principal*	*Usos más habituales*	*Limitaciones precauciones*
ChatGPT (OpenAI)	Asistente conversacional generalista	Redacción (emails, informes), ideas creativas, estudio guiado, código básico	Puede inventar datos si no se formula bien el prompt; revisar siempre la información.
Gemini (Google)	IA multimodal integrada en Google	Búsqueda mejorada, análisis de imágenes, apoyo en Docs, Sheets y Gmail	Cambios frecuentes en interfaz y funciones; depende de cuenta Google y políticas de datos.
Microsoft Copilot	IA integrada en Office y Windows	Word, Excel, PowerPoint, Outlook, Teams (resúmenes, borradores, análisis de hojas)	Requiere suscripción adecuada; hay que vigilar qué documentos se usan como contexto.
Claude-Anthropic	Asistente centrado en texto y documentos	Lectura y resumen de documentos largos, informes, análisis detallado	Disponibilidad según país/idioma; puede ser menos integrado en ofimática que Copilot o Gemini.

Perplexity AI	Buscador + asistente con citas	Investigación rápida, resúmenes con fuentes, actualización de información	Menos adecuado para proyectos largos o muy creativos; depende de calidad de resultados web.
DeepSeek / modelos open-source (Llama, Mistral…)	Modelos abiertos (on-premise o nube)	Automatización interna, chat corporativo, proyectos a medida con datos propios	Requieren equipo técnico para instalar, actualizar y asegurar el sistema.

Reflexión final: IFCT0049 ChatGPT e IA

Has completado la lectura del temario y ahora dispones de un nuevo recurso: distintas herramientas de IA que puedes aplicar para simplificar tareas de tu vida laboral, académica y personal.

A partir de aquí, tu reto ya no es usar "una" IA, sino aprender a comparar y analizar varias: qué hacen bien, dónde fallan, qué datos utilizan y qué riesgos implican en tu contexto concreto.

La IA seguirá avanzando y cambiando la forma en la que se trabaja y aprende, por lo que es imprescindible la formación, probar nuevas soluciones y evaluar su impacto con mirada crítica, igual que se hace con cualquier otra herramienta profesional.

El uso debe ser siempre ético y responsable, respetando la privacidad, evitando sesgos y manteniendo la última palabra en manos humanas cuando las decisiones afecten a personas reales.

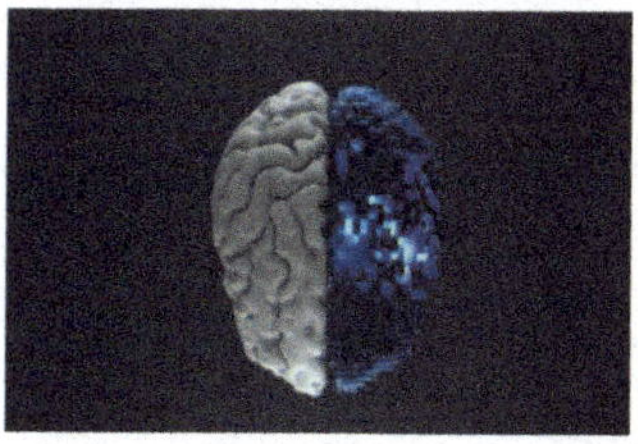

Imagen generada con Copilot

Es necesaria la combinación de criterio humano, actualización continua y un uso ético de estas tecnologías, la IA no será un fin en sí mismo, sino un apoyo inteligente para el propio criterio profesional.

El futuro es híbrido: humano + IA

Minitests - Respuestas

Unidad 1

1/a) Sistemas capaces de realizar tareas que normalmente requieren inteligencia humana, aprendiendo de datos y siguiendo algoritmos

2/c) Dos asistentes virtuales: uno que responde correos y otro que traduce idiomas

3/b) Predice la siguiente palabra o token más probable en función del contexto previo

4/b) Embeddings de palabras aprendidos durante el entrenamiento

5/c) Manejar la ambigüedad del lenguaje y el contexto cambiante en diferentes situaciones

Unidad 2

1/b) Permiten reutilizar conocimiento general y reducir coste de entrenamiento en tareas específicas

2/c) Fine-tuning o ajuste fino

3/c) Incorpora capacidades multimodales y maneja ventanas de contexto más largas

4/b) Aumento del uso de agentes autónomos y modelos especializados más eficientes

5/c) Que se generen respuestas aparentemente fiables que son incorrectas (alucinaciones)

Unidad 3

1/d) Crear un servicio backend que actúe como intermediario entre la web y la API de ChatGPT

2/a) Anonimizar y minimizar los datos enviados, enviando solo lo estrictamente necesario

3/a) Indexar la documentación corporativa y usar técnicas de recuperación de información para aportar fragmentos relevantes al prompt

4/a) Explicar claramente que es un asistente virtual, mostrar ejemplos de preguntas y ofrecer botones de sugerencias

5/ d) Porcentaje de conversaciones resueltas sin intervención humana (tasa de resolución en primer contacto)

Bibliografía

Russell, S. J., & Norvig, P. (2021). *Inteligencia artificial: Un enfoque moderno*. Pearson [1, 3].

Garde, J. L. (2024). *Inteligencia (artificial) para emprendedores*. Anaya Multimedia.

Etxebarria, O. (2025). *Inteligencia artificial para pymes*. Anaya Multimedia.

IBM Education. (2023). What is Artificial Intelligence (AI)?

Tegmark, M. (2017). *Vida 3.0: Ser humano en la era de la inteligencia artificial*. Taurus [1].

Bostrom, N. (2014). *Superinteligencia: Caminos, peligros, estrategias*. Teell [1].

Murphy, K. P. (2022). *Machine learning: Una perspectiva probabilística*. MIT Press [3].

La IA en 2026: Todo lo que necesitas saber (Edición Kindle) [4].

Compilatio. (2026). *Bibliografía eficaz: Cómo citar IA y ChatGPT* [5].

Webgrafía

Unión Europea. (2024). *Reglamento de Inteligencia Artificial* (AI Act). https://artificialintelligenceact.eu/es/ [5].

EFE. (2026, 28 de febrero). *Anthropic critica el veto del Pentágono.* https://efe.com/ciencia-y-tecnologia/2026-02-28/anthropic-critica-veto-pentagono-eeuu/

Diario Público: Agencias. (2026, 28 de febrero). *Trump veta a la tecnológica Anthropic por resistirse a abrir su sistema de IA al Pentágono*. Público. https://www.publico.es/tag/donald-trump/2 [4]

EFE (Convenio OpenAI): EFE. (2026, 28 de febrero). *OpenAI anuncia un acuerdo con el Pentágono sobre uso de inteligencia artificial.* https://efe.com/ciencia-y-tecnologia/2026-02-28/openai-acuerdo-pentagono-eeuu-uso-inteligencia-artificial/ [2]

La Vanguardia. (2026, 21 de febrero). *Primera IA pública per detectar càncer de mama.* https://www.lavanguardia.com/encatala/20260221/11471523/neix-primera-ia-publica-per-detectar-cancer-mama-ctx.html

SEPE / Fundae. (s.f.). *Ficha de la especialidad IFCT0049: Inteligencia artificial aplicada.* https://www.fundae.es/docs/default-source/convocatorias-desubvenciones/microcr%C3%A9ditos/especialidades-formativas/IFCT0049.pdf

OpenAI. (2024). *ChatGPT* (Versión GPT-4) [Modelo de lenguaje grande]. https://chat.openai.com [6].

Anthropic. (2026). *Claude* [Software de IA].

Filmaffinity, Terminator, https://www.filmaffinity.com/es/film617730.html

Wikipedia, Alan Turing, https://es.wikipedia.org/wiki/Alan_Turing?utm_source=copilot.com

Wikipedia, Isaac Asimov, https://es.wikipedia.org/wiki/Isaac_Asimov

Amazon, https://www.aboutamazon.es/noticias/trabajar-en-amazon/amazon-presenta-su-centro-logistico-impulsado-por-ia

Sobre la autora

Marcela Celía Pirez tiene una sólida base académica en Administración de Empresas, (ADE). Habiendo orientado su trayectoria hacia la docencia y las nuevas tecnologías.

Es formadora, autora y diseñadora de materiales didácticos especializada en competencias digitales, comunicación educativa y formación profesional.

Fundadora de MCP Formación, lleva más de una década creando recursos pedagógicos alineados con los programas oficiales del SOC, SEPE, ACTIC y ADA, entre otros, combinando rigor normativo con claridad práctica.

Su trabajo destaca por integrar tecnología, accesibilidad y enfoque docente, ofreciendo guías que ayudan a alumnado, profesionales y centros acreditados a dominar herramientas digitales con confianza. Con una mirada estratégica y empática, Marcela transforma temarios técnicos en guías visuales y prácticas.

Esta publicación forma parte de una serie de manuales formativos diseñados para facilitar el aprendizaje en competencias clave como ofimática, colaboración digital, ciberseguridad e inteligencia artificial, siempre con un enfoque práctico, actualizado y adaptado a las necesidades reales del alumnado.

Puedes utilizar el código QR para acceder a la página de LinkedIn de la autora.

¿Te ha resultado útil este manual?

Mi objetivo es ayudarte a comprender ChatGPT y la inteligencia artificial con claridad y confianza. Si este libro ha sido una pieza clave en tu proceso de aprendizaje, en tu labor docente o en la gestión formativa de tu academia, te agradecería mucho que dedicaras un minuto a dejar una reseña honesta en Amazon.

Tu valoración no solo me ayuda a seguir mejorando como autora, sino que también permite que otros alumnos, docentes y centros encuentren un recurso de calidad, actualizado y alineado con el estándar oficial IFCT0049.

¡Gracias por tu apoyo y mucho éxito en tu camino hacia la excelencia digital!

Marcela

Si tienes un minuto accede a la página de Amazon y deja tu reseña.

Declaración sobre el uso de inteligencia artificial

En la elaboración de esta obra se ha utilizado inteligencia artificial como herramienta de apoyo en tareas de asistencia técnica, estructuración de contenidos y revisión lingüística. El uso de estas herramientas ha tenido carácter instrumental y en ningún caso sustituye la autoría intelectual, el criterio pedagógico, la selección de contenidos ni la responsabilidad final sobre el texto.

Todos los contenidos han sido revisados, adaptados y validados por la autora, garantizando su adecuación al programa formativo oficial IFCT0049 y a los estándares de calidad exigibles en el ámbito de la formación profesional para el empleo.

El empleo de inteligencia artificial en este contexto responde a un uso ético, transparente y coherente con la propia temática del libro, que aborda precisamente la aplicación responsable de estas tecnologías en entornos profesionales.

Cualquier coincidencia con textos generados previamente por herramientas de IA o con otras obras se debe a la naturaleza estadística de estos modelos; la autora ha revisado y adaptado todo el contenido para garantizar su originalidad y adecuación pedagógica.

Imágenes, iconos e ilustraciones

Las imágenes, iconos e ilustraciones que aparecen en este libro proceden de bancos de imágenes con licencia adecuada o han sido generadas mediante herramientas de inteligencia artificial (como Copilot, Midjourney, Canva, etc.) conforme a sus condiciones de uso, o bien han sido elaboradas expresamente por la autora para esta obra.

No se permite su reutilización fuera del contexto de este libro sin la autorización correspondiente o sin respetar las licencias originales de los bancos de imágenes o herramientas utilizadas.

Capturas de pantalla de software

Algunas ilustraciones de este manual muestran capturas parciales de interfaces de software (por ejemplo, entornos de trabajo, menús o cuadros de diálogo) con un objetivo puramente didáctico: ayudar al alumnado a reconocer los elementos básicos de uso de distintas aplicaciones.

Estas capturas se han limitado a la mínima información necesaria y no pretenden reproducir de forma exhaustiva ni sustituir los manuales oficiales de los fabricantes. Las imágenes se emplean bajo el entendimiento de uso legítimo con fines informativos y educativos. En caso de conflicto, prevalecerán los términos de licencia y derechos que cada proveedor de software establezca en su documentación oficial.